Bebe Vio

Se sembra impossibile allora si può fare

Realizziamo i nostri sogni, affrontando col sorriso ostacoli e paure

Rizzoli

ISBN 978-88-17-09713-0

Prima edizione: ottobre 2017

Per la curatela del volume, l'Editore ringrazia Serena Piazza

Realizzazione editoriale: NetPhilo, Milano

Se sembra impossibile
allora si può fare

INTRODUZIONE
IN GUARDIA, PRONTI... A VOI!

Ciao, sono Bebe!

Ho vent'anni e la mia vita è un po' un casino.

Si può dire casino in un libro? Boh, comunque la mia vita è davvero un po' un casino, ma un bel casino.

Nel senso che faccio un sacco di cose: la mia vita è una figata!

Forse avete già sentito parlare di me, ma se non mi conoscete posso dirvi che sono una grafica, una schermitrice e, niente, a undici anni ho avuto la meningite. Sono sopravvissuta, anche se hanno dovuto amputarmi le braccia sotto il gomito e le gambe sotto il ginocchio. Dopo 104 giorni in ospedale, sono tornata a casa e grazie alla mia famiglia e alle mie tre S, cioè la scherma, la scuola e gli scout, sono rinata.

E poi, sì, ho vinto due medaglie alle Paralimpiadi di Rio 2016, il Mondiale nel 2015, l'Europeo nel 2014 e nel 2016 e ho fatto tutto il resto, compreso un selfie con Obama e un sacco di altre cose che vi racconterò.

Quello che mi domandano tutti è come abbia fatto, come abbia potuto una tenera e indifesa ragazzina di undici anni senza braccia e senza gambe ricominciare a vivere e raggiungere certi obiettivi.

Vi sembra impossibile? Be', tanto per cominciare, con o senza gambe e braccia, io non sono mai stata tenera e indifesa, ma sono sempre stata quella che mia madre definisce una «rompiballe strozzabile».

A due anni, quindi molto prima della meningite, al grido di:

«Io posso fare tutto quello che io voglio fare!»

mi sono caricata una valigia grossa il triplo di me, anche se mamma mi diceva che no, non potevo proprio portarla da sola (poi mi sono ribaltata giù dalle scale, ma almeno ci ho provato).

A undici anni, quando appunto ho avuto la meningite e hanno dovuto amputarmi, più che tenera e indifesa, mi sono sentita male, molto male fisicamente, intendo.

Specie a casa, quando avevo ancora tutte le ferite aperte e i miei genitori e mio fratello Nico mi facevano le medicazioni. Il problema era che senza gli antidolorifici che mi davano in ospedale, sentivo davvero un male assurdo, tipo strapparsi cento cerotti tutti insieme da un sacco di ferite aperte su tutto il corpo.

Comunque, per farvela breve, un giorno durante le medicazioni mi metto a gridare: «Io mi suicido!». Mio padre cosa mi dice? «Ma smettila! E goditi quello che hai perché la vita è una figata.» (No, mio padre non è pazzo. E sì, la capacità di guardare sempre oltre l'ostacolo e buttarla sul ridere è una dote di famiglia.)

Così non sono morta e ho capito che papà aveva ragione.

La vita è una figata!

La prima figata di tutte è la mia fantastica famiglia che adoro.

Ma anche la scherma lo è: ho avuto un colpo di fulmine a cinque anni e non l'ho più lasciata.

Lo è il mio lavoro come grafica.

Lo è vivere da sola.

Lo sono i miei amici.

Lo è parlare con le persone.

Lo è viaggiare attorno al mondo.

E saranno una figata tutte le cose che devo ancora fare: le Paralimpiadi di Tokyo 2020, quelle di Parigi 2024 e quelle di Los Angeles 2028, l'università e la casa che avrò, avere dei figli, adottarne almeno altri tre e costruire una mia gigantesca famiglia.

E no che non sarà facile. Ma a chi piacciono le cose facili? Ed è questa la mia fortuna: ho capito che, anche se non è facile, se vuoi ottenere qualcosa devi darti da fare, se vuoi realizzare un sogno, se vuoi raggiungere un obiettivo di qualsiasi tipo, se vuoi godertela

devi veramente darti da fare.

Finora io ci sono riuscita: mi sono data parecchio da fare e me la godo, sempre e in tutto.

Ma non è che godermela voglia dire solo vincere una medaglia alle Olimpiadi, andare a cena alla Casa Bianca o finire sulla copertina di una rivista.

Vuol dire anche che, tipo, è stupendo quando parto per qualche gara internazionale e devo fare un volo lungo, così posso bere tutti i succhi di pomodoro che voglio e guardare film uno dietro l'altro. Il mio preferito? *In Time*, ma anche *Point Break* nella versione nuova e *Mamma mia*.

Oppure è stupendo quando sono a casa e posso guardare la TV dal divano, che è una cosa che può sembrare banale, ma io me la godo davvero tanto perché ultimamente a casa riesco a starci poco. Oltre ai film, io adoro le serie, tipo *Una mamma per amica* l'ho vista e rivista dall'inizio alla fine e ho visto così tante puntate di *Grey's Anatomy* che ormai sono un medico anch'io.

Magari a voi non piace la TV ma, che ne so, vi piace leggere.

Allora godersela vuol dire che avete fatto quello che dovevate fare e adesso avete anche solo dieci minuti per buttarvi sul divano a leggere.

Io non lo farei mai, ve lo dico, perché non mi piacciono i libri, o almeno non mi piace leggerli.

Scriverli, invece, mi piace solo per quello che vi dicevo prima: io ho avuto la fortuna di capire presto che bisogna darsi da fare per realizzare i propri sogni e godersi la vita, così adesso cerco di dirlo a più persone possibili.

Ecco perché ho accettato di scrivere questo libro, per dirlo chiaro a tutti, non importa se giovani o adulti, con tutti i pezzi o con qualche pezzo in meno:

bisogna darsi da fare, ragazzi.
Non perdetevi niente,
godetevi ogni secondo,
godetevi ogni cosa.

Io lo faccio tutti i giorni, da quando mi alzo al mattino a quando metto in carica le protesi delle mani alla sera.

Potete riuscirci anche voi!

Che ne dite? Garetta?

GLOSSARIO
PRIMA DI COMINCIARE...

Ovvero una miniguida alla scherma e allo sport paralimpico

La scherma

Siccome non so quanto ne sappiate, io partirei spiegandovi la differenza fra le armi che si usano, cioè spada, sciabola e fioretto.

Infatti, a seconda di quale si usi, cambia il modo di segnare il punto. Con la spada, si può colpire solo con la punta dell'arma in tutto il corpo. Con la sciabola, si può colpire con tutta la lama in tutta la parte superiore del corpo, braccia e testa comprese. Con il fioretto, si può colpire solo con la punta e solo nel busto, niente braccia e niente testa.

Gli assalti (si chiamano così gli "incontri" di scherma) sono di due tipi.

Ci sono quelli di qualifica e quelli delle eliminazioni dirette.

La giornata di gare inizia al mattino con gli assalti di qualifica, che durano un massimo di 3 minuti ciascuno. La vittoria va a chi arriva prima a 5 stoccate.

Sulla base dei risultati della mattina si stila una classifica, il cosiddetto "ranking", e sulla base di quel ranking si fanno gli accoppiamenti per gli assalti a eliminazione diretta del pomeriggio.

Questi assalti durano fino a 9 minuti ciascuno e vince lo schermidore che arriva per primo a segnare 15 punti e, al contrario di quello che succede nei gironi, lo schermidore che perde è eliminato.

Rispetto alla scherma normodotati, quella paralimpica ha le stesse identiche regole, l'unica cosa che cambia è la pedana, ma di questo vi racconterò più avanti.

In più, quando tiri non puoi alzarti dalla seduta e i piedi devono rimanere sempre appoggiati sul poggiapiedi della carrozzina.

Categorie

Sono fondamentali negli sport paralimpici perché garantiscono una competizione più equa, come in molti sport praticati da normodotati: la boxe, per farvi un esempio.

In ogni singolo sport paralimpico gli atleti vengono assegnati a categorie diverse in base al loro tipo e grado di disabilità.

Ad assegnare la categoria, attraverso la cosiddetta visita di classificazione, è una commissione, nazionale per le gare nazionali e internazionale per quelle internazionali, composta da un medico, un fisioterapista e un tecnico, che valuta i singoli casi e capisce, appunto, in quale categoria collocarli.

Le categorie sono definite per ogni sport e possono cambiare nel corso della vita di un atleta perché l'assegnazione alla categoria viene fatta valutando fattori che possono cambiare nel corso del tempo.

Nella scherma, gli atleti sono divisi in tre categorie: A, B e C.

Nella A entrano schermidori che hanno una disabilità bassa (per esempio gli manca un piede), una completa mobilità del tronco e l'uso degli addominali, fondamentale nella scherma in carrozzina.

Nella B entrano quelli con disabilità media: non usano le gambe e non hanno una piena mobilità del busto e degli addominali.

Nella C, quella con il livello più alto, entrano schermidori con disabilità in tutti e quattro gli arti e una ridotta mobilità del corpo, come i tetraplegici che non riescono a usare tutti e quattro gli arti e si muovono a fatica.

Le tre categorie ovviamente vengono applicate a tutte e tre le specialità della scherma.

All'interno delle categorie, ci sono ancora le distinzioni di età per i campionati Under 17 e Under 23. Superati questi due livelli, non ci sono più separazioni e io posso trovarmi a combattere con un'atleta della mia stessa età o con una che ha più di trent'anni, come d'altra parte ho sempre fatto da quando io stessa ne avevo tredici.

Gara a squadre

È quella che ha regole un pochino più particolari, ma è senza dubbio la più bella di tutte.

La squadra è formata da tre atleti e almeno uno di loro deve essere una categoria B, mentre gli altri possono essere di categoria A. Io sono stata scelta come B della mia squadra, mentre Loredana Trigilia e Andreea Mogos sono due A.

Le gare a squadra sono una specie di tutti contro tutti: tutti e tre gli schermidori devono tirare contro tutti e tre gli schermidori dell'altra squadra. Si vince il singolo incontro quando si arriva a 5 stoccate e il punteggio della squadra si ottiene sommando il punteggio ottenuto dai singoli atleti nei singoli incontri.

In pratica, si fanno nove incontri in tutto e per vincere una squadra deve arrivare a 45. Ovviamente se chi tira prima non fa grandi punteggi, quelli che tirano dopo devono cercare di recuperare al massimo, ed è per questo che il capitano tira quasi sempre per ultimo.

DA SOLO NON SEI NESSUNO

Del perché la squadra conti più di qualsiasi altra cosa (prima puntata)

È la sera del 16 settembre 2016 alla Carioca Arena 3 di Rio de Janeiro.

Loredana Trigilia, Andreea Mogos e io ci giochiamo il Bronzo paralimpico nel fioretto a squadre contro le atlete di Hong Kong che, insieme alle cinesi che ci hanno fermato in semifinale, sono fra le avversarie peggiori in assoluto, temibilissime, vere macchine da guerra della scherma in carrozzina.

Al momento le uniche cose che so con certezza sono che:

– le stoccate sono 40 a 38 per loro;

– quella medaglia deve essere nostra.

La cosa che non so, anche se me lo sogno da quando avevo cinque anni, è che quello sta per diventare il giorno più bello della mia vita.

Allora, il tabellone del punteggio segna 40 a 38 per Hong Kong, io devo salire in pedana e mi sento addosso tutta la tensione del mondo.

Perciò che cosa faccio? Vado dalla mia mitica capitana, Loredana, la guardo e le dico: «Oddio, Lori, aiutami!».

Lei e Andreea sono le mie compagne di squadra dal 2014, quando abbiamo vinto la medaglia d'Oro agli Europei di Strasburgo. La nostra avventura come squadra è cominciata quasi per gioco ed eccoci alla finale per il Bronzo paralimpico.

Quindi, lo so, me lo sento che adesso la capitana mi tira fuori il discorso più bello della mia vita, quello che racconterò ai miei figli quando dovranno affrontare il loro primo esame, la loro prima prova importante, uno di quei discorsi spaziali e super motivazionali che mi farà passare la fifa.

Lei mi guarda, mi abbraccia e mi dice: «Bebe, tranquilla. Anche se perdiamo, va bene lo stesso».

Come va bene lo stesso?! No, che non va bene lo stesso!

E a quel punto sono io che la guardo e le dico: «Scusa, vado che ho da fare!».

È meglio che lo sappiate subito: io sono una malata di agonismo e sinceramente non mi importa se in palio c'è un titolo olimpico o solo la soddisfazione di aver battuto qualcuno, di avercela fatta.

Per me

l'importante non è partecipare.
L'importante è vincere,
o almeno provarci veramente
fino all'ultimo.

Anche se il vostro unico avversario siete voi, dimostratevi sempre di potercela fare.

Quindi, no, non va bene lo stesso se perdiamo. Noi dobbiamo vincere.

La capitana, però, ha colpito nel segno, ha saputo toccare la corda giusta, perché sono salita in pedana con un solo pensiero fisso: dimostrare a tutti che potevamo farcela e che, anche se eravamo in svantaggio, quella era la nostra gara, era il nostro momento, era la nostra squadra quella che si meritava la vittoria perché aveva lottato di più.

Così mi ritrovo in pedana per l'ultimo assalto della gara.*

Davanti a me ho Yu Chui Yee, Oro nel fioretto individuale categoria A** alle Paralimpiadi di Londra 2012 e Argento nella stessa specialità e categoria lì a Rio pochi giorni prima. Questo vuol dire che devo affrontare una tra le atlete più forti del mondo e di una categoria superiore alla mia. Aggiungo che è mancina, proprio come me, e nella scherma non c'è niente di peggio che affrontare un mancino.

Primo assalto: parto, vado a segno, stoccata valida. Andiamo 40 a 39.

Be', che vi ho detto? L'importante è vincere e io ho

* Nella "guida" all'inizio del libro trovate la spiegazione sul funzionamento delle gare a squadre.

** Nella stessa "guida" trovate anche la spiegazione su che cosa sono e come funzionano le categorie.

cominciato con il piede giusto (si fa per dire, ovviamente, anche perché quando tiro di scherma mi tolgo le protesi delle gambe).

Messa a segno la prima stoccata, però, non so bene cosa succeda: un momento dopo guardo il tabellone e siamo 42 a 39.

Quando li ha messi questi due punti la Yu?

Che cosa stai combinando, Bebe? Smettila di pensare a quanto è importante questo risultato e agisci!

Pronti, a voi, parto all'assalto e vado a segno.

Ma, che succede? Si accende la luce bianca invece di quella colorata (rossa o verde) che segnerebbe il punto. Impossibile! Sono sicura di aver messo la stoccata.

Seduto dietro di me, Simone Vanni, l'allenatore, mi grida: «Provala!».

Che, tradotto per chi non tira di scherma, significa: «Prova a toccarle il giubbetto con la punta del fioretto per verificare che si accenda la luce della stoccata».

Così la provo, la tocco con la punta del fioretto nel mezzo del giubbetto e si accende la luce bianca.

Va bene, stiamo calmi.

Capita che a forza di muoversi sulla carrozzina il passante, cioè il cavo che collega il giubbetto elettrico, si stacchi. I giudici di gara dovrebbero controllare, sono lì anche per quello, ma sono cose che capitano, devo stare calma e concentrata.

Risolto il problema, la stoccata successiva è della Yu.

Guardo il tabellone segnapunti: stiamo 43 a 39 per loro.

Lei ne ha fatti tre e io ne ho fatto solo uno. Bebe,

che combini? La volete o non la volete questa medaglia?

Già, perché serve sempre ricordarselo:

mai perdere di vista l'obiettivo.

Certo che la vogliamo quella medaglia! Nessuno se la merita più di Lori e Andre, in un certo senso io "sono a posto", il mio sogno di avere una medaglia olimpica si è realizzato. Ora ho il solo compito di far capire agli altri della squadra che sono forti, che tutti gli sforzi, i sacrifici lavorativi e familiari che hanno fatto sono serviti e che questa sarà la "loro giornata".

Ed eccolo l'altro momento bellissimo che mi ricordo: la seconda volta che mi sono aggrappata alla mia squadra.

Invece di preoccuparmi del tabellone, questa volta mi giro e li guardo. Eccoli lì tutti quanti: Lori disperata, con le mani davanti alla faccia; Andre tipo che sembra che preghi e Francesco Martinelli, l'allenatore di spada, che le abbraccia per cercare di consolarle.

Mi dico: "Cavolo, fino a due secondi fa ci credevamo tutti, anche loro ci credevano tantissimo, eravamo pronte a spaccare tutto. E adesso?".

Io ci credo ancora ed è mia responsabilità crederci anche per tutto il resto della squadra.

E lì sento Vanni che mi grida: «Vai, Bebe! Spacca tutto! Ce la facciamo! Forza forza forza! Non pensare al risultato, metti un punto alla volta, e ogni punto sarà una vittoria!»... e a me piace vincere! Quindi devo solo fidarmi della persona che ho dietro di me. La cosa meravigliosa di un maestro che ti conosce bene e con cui hai un buonissimo rapporto è che lui confiderà in te sempre più di quanto tu confidi in te stesso. Sa cosa pensi e sa sempre quale sia la cosa giusta da dirti: anche se piccola è sempre quella perfetta, quindi ascoltalo e fidati!

E la sento quasi fisicamente la forza della squadra che prende il posto della paura.

Infilo tre stoccate una dietro l'altra: 43 Hong Kong, 42 noi.

Visto? Non c'è niente di più importante di un buon gioco di squadra.

È un circolo virtuoso:

la squadra sostiene te,
tu sostieni la squadra.

Lo stadio esplode.

Se guardate la telecronaca su YouTube, si sente una specie di boato, sembra che tutto il Brasile faccia il tifo per noi.

Però io, come mi succede di solito in gara, praticamente non me ne accorgo perché, oltre che concentrata, ricomincio a essere nervosetta.

Sul 43 a 42, parto all'assalto e vado in bersaglio valido, ne sono sicura anche questa volta, ma anche questa volta si accende la luce bianca.

«Provala!» grida ancora Simone.

Io la provo e, indovinate? Si accende la luce bianca. Non è possibile!

I giudici sistemano di nuovo il passante e si riparte.

La Yu segna la stoccata successiva: 44 Hong Kong, 42 noi.

Normalmente in una gara questo è il momento più difficile, quello in cui tutti pensano che ormai sia finita: all'avversario basta un punto per vincere.

In quel momento, e dopo tutto quello che era successo, si può dire che quello fosse il momento più difficile fra i momenti difficili. Ero arrabbiata, non potevo mollare, non poteva finire così.

Alla Yu mancava solo una stoccata per vincere, mentre a me ne mancavano tre. E allora? Io dovevo farcela! Soprattutto se consideriamo che comunque dovevamo essere 44 pari dato che due punti erano andati in fumo per colpa della disconnessione del passante… Ma non dovevo assolutamente pensarci, dovevo pensare solo a mettere un punto alla volta, ogni minima distrazione poteva significare perdere.

A quel punto mi metto a ringhiare sotto la maschera, sul serio.

E nello stesso tempo comincio a sentire chiaramente il respiro della Yu e, soprattutto, la sua paura.

E lì capisco che è mia, lo sento, lo so che farò quei tre punti. Non so dirvi come o perché, so solo che è così: io so che possiamo farcela.

Mi dico: "Non perdere la concentrazione". E parto all'attacco.

Così, io segno la stoccata dopo: 44 Hong Kong, 43 noi.

E segno quella dopo ancora: 44 pari!

Lo stadio grida: «Italia! Italia!» e io, giuro, praticamente non lo sento. Sono concentratissima.

Ne manca solo una, una stoccata e ce l'abbiamo fatta, la medaglia è nostra.

Ed eccolo, il momento più bello di tutti, quello più bello perché è il più carico di tensione: sul 44 pari, segno la stoccata, la segno, si vede, lo vedono tutti, la mia squadra, lo stadio, i telecronisti, tutti. Esplodo in un grido di gioia.

La gente urla, io sento un'euforia pazzesca, Simone si alza, gli occhi della Yu si stanno già spegnendo mentre i miei s'infuocano perché capisco che qualcosa non è andato: con la coda dell'occhio vedo che quella luce verde che tanto mi piace non c'è... al suo posto la luce bianca. Non ci posso credere: ancora?!

«Provala!» grida Simone per la terza volta.

Io la provo e per la terza volta il passante è staccato, il giubbetto non è elettrificato.

Mi parte una parolaccia che è meglio non ripetere qui.

Ero arrabbiata nera, ma non con la Yu. La conosco e so che è onesta. Il passante si staccava, ma lei non lo faceva apposta, assolutamente no, perché è davvero una persona fantastica, super brava, carinissima.

Ero arrabbiata nera... con l'arbitro! Il suo compito era guardare che il passante non si staccasse e che la Yu non si alzasse dalla carrozzina (regola della scherma in carrozzina: non devi alzare le chiappe dalla sedia, altrimenti è cartellino giallo). Doveva farlo lui quello, allora perché cavolo non l'ha fatto?

La verità è che a quel punto non cambiava niente capire perché o prendersela con l'arbitro, tanto la nostra stoccata della vittoria non ce la ridava nessuno. Quando una cosa va storta, non fa differenza sapere perché.

Se vuoi fare la differenza,

resta concentrato.

Ed è quello che faccio perché ho una responsabilità: faccio parte di una squadra.

Quindi, la situazione è criticissima, ma bellissima: siamo 44 pari, abbiamo già segnato la stoccata della vittoria, ma un passante staccato si è messo di mezzo.

Il pubblico fischia, tre giudici (tre!) sistemano il cavetto della Yu, sistemano il mio, ma io sento solo Simone che mi dice «Ce l'abbiamo! Dai, Bebe!».

All'in guardia, pronti, a voi, parto all'assalto e vado in bersaglio non valido.

Secondo assalto, secondo bersaglio non valido.

Terzo assalto, terzo bersaglio non valido.

Senza che Simone me lo gridi, provo di nuovo la Yu, non vorrei che il passante si fosse staccato di nuovo, ma no, funziona tutto, devo solo stare calma e pensare alla mia squadra, a Simone che dice: «Vai, Bebe!».

Sì, vado, adesso vado.

Adesso andiamo.

Sapete cosa? Me lo sono sentita che quello lì era l'ultimo, proprio quell'assalto lì. Prima di partire mi sono detta: "È questo, è quello buono. Vado dritta!".

E Simo: «No! Cosa fai? Para!».

Io sono convintissima che la cosa giusta da fare sia andare in attacco diretto, e posso pensare quello che voglio ma so che (purtroppo, perché in realtà mi rosica ammetterlo) Simo ha sempre ragione, devo ascoltarlo. Lui mi urla di parare, c'è un boato di sottofondo, sento la voce dell'arbitro che dice: «En garde» e lì, in quel momento, inizio a sentire perfettamente il respiro della Yu che prende il ritmo con il mio. Siamo in simbiosi, tutto è contemporaneamente ordine e casino. La guardo dritta negli occhi, lei ha la paura addosso, io la rabbia, talmente tanta che senza rendermene conto mi metto di nuovo a ringhiare. Poi sento l'arbitro dire: «Prêt» e in quel momento cala il silenzio. Ci siamo solo io e lei, distolgo lo sguardo dai suoi occhi e lo focalizzo nel punto preciso in cui voglio mettere l'ultima stoccata. Prendiamo entrambe un sospiro, al rallenty sento la voce dell'arbitro che dice: «Allez» e tutto dentro di me va lento. Parto… paro… faccio una cavazione… e finalmente rispondo! Il silenzio si rompe e tutto ritorna casino, urla, pianti, gioia! Lancio via la maschera e mi giro verso la mia squadra: voglio solo vedere Lori e Andre, vederle finalmente felici!

Eccolo, il momento più bello della mia vita: è lunghissimo, va dal 44 pari ai festeggiamenti e ci metto dentro la stoccata "persa", le facce delle mie compagne, degli allenatori, degli sparring partner, tutta la premiazione, la mia famiglia, lo stadio, i brasiliani che tifano per noi, l'Italia del fioretto femminile paralimpico che torna sul podio dopo vent'anni esatti da Atlanta 1996 quando Mariella Bertini, Laura Presutto e Rosalba Vettraino avevano vinto l'Argento nella stessa specialità.

Più bello dell'Oro che avevo vinto due giorni prima? Sì, probabilmente meno importante, ma certo più emozionante perché la gara a squadre è veramente quella in cui tutti devono dare il proprio contributo per arrivare ai 45 punti della vittoria. È quella in cui senti il vero spirito di squadra, il vero spirito dello sport. Io la considero la gara più bella in assoluto perché ognuno deve dare il massimo di sé per recuperare, se serve, lo svantaggio del compagno di squadra che ha tirato prima e per lasciare nella migliore condizione possibile quello che tirerà dopo. Non lavori mai per te, ma per i tuoi compagni.

E poi, questo Bronzo è stupendo anche perché l'ho condiviso con le persone a cui voglio bene: la mia squadra.

E nella mia squadra ci metto Loredana e Andreea, certo, ma anche gli allenatori, i fisioterapisti, l'armiere, gli sparring partner, i massaggiatori. E poi sugli spalti, mamma e papà con Nico e Sole, insieme a Emanuela De Marchi e l'Assassino, cioè Claudio Pavanello, il mio preparatore atletico, tutti che piangevamo per la stessa felicità.

Perché tu puoi essere bravo finché vuoi, ma senza una squadra che ti aiuta e ti sostiene non sei nessuno.

Riuscire a "fare squadra" è la prima vittoria perché ogni componente del gruppo aiuta a creare un feeling particolare, a mantenere l'armonia.

Per me il Bronzo a squadre è importante quanto l'Oro individuale perché è la dimostrazione di una tesi che sostengo fin da quando ero una bambina: in tutti i momenti cruciali della vita, non solo in quelli sportivi, non ce l'avrei mai fatta senza una squadra al mio fianco.

Io, per esempio, ne ho avuto le prove quando sono diventata il 3%.

Ora vi spiego perché.

SII EGOISTA: FAI QUALCOSA PER GLI ALTRI

Del perché la squadra conti più di qualsiasi altra cosa (seconda puntata)

Potete anche cercare di convincervi che no, voi non siete fatti per il gioco di squadra, che alla fine è sempre meglio vedersela da soli, contare solo su se stessi, perché così non si sbaglia mai, degli altri c'è poco da fidarsi, eccetera eccetera.

Ma la verità è una e una soltanto: noi tutti nasciamo per stare in squadra.

Anzi, noi nasciamo in una squadra.

Prendete la mia: la Vio-Grandis.

In prima linea giocano mamma Teresa, il capo supremo, e papà Ruggero, il migliore aiutante che il capo avrebbe mai potuto desiderare, anche perché si sono conosciuti quando avevano vent'anni e non si sono mai più lasciati, vorrà pur dire qualcosa.

Poi ci siamo noi, le seconde linee che scalpitano per passare al comando (soprattutto perché, se ci riesco, posso farmi un tatuaggio prima o poi): Nicolò, il fratellone; io, la sorella di mezzo, e Maria Sole, la sorellina.

E non possiamo dimenticare i supporti alla prima linea. Alcuni sono supporti vicini che danno una mano in tanti modi diversi, come i nonni; altri sono più lontani, come i miei adorati cugini, ma ci sono sempre lo stesso perché il sostegno più grande è sapere che ci vogliamo bene.

Che abbiate dieci, venti, quaranta o ottantanove anni come mio nonno Tino, la squadra più importante è quella in cui siete nati.

Tenetevela stretta.

Magari qualcuno adesso sta pensando: "Certo, parli bene tu, ma come faccio io che ho perso un pezzo importante della mia famiglia?". Oppure: "Io ho litigato con la mia famiglia, non ci parliamo più".

La prima cosa che voglio dirvi è che mi dispiace, in tutti e due i casi.

Il primo l'ho provato sulla mia pelle quando ho perso nonna Marzia, la mamma di papà, e non è stato per niente facile.

Del secondo non ho esperienza e farò di tutto per non averla mai, ma so che crescendo a volte succede per motivi diversi. Quello che mi domando sempre è: ha davvero senso? Non sarebbe più facile cercare di parlarsi?

In uno e nell'altro caso, però, sono convinta che la famiglia resti la squadra più importante perché, sempre e nonostante tutto, ve la portate dietro.

Se siete al mondo e siete come siete, lo dovete a loro. Sapete con chi prendervela se, come me, avete il naso a patata (grazie, papà), o se al ritorno da un viaggio trovate i vostri vestiti preferiti tutti a lavare perché qualcuno li ha usati mentre non c'eravate (vero, Sole?).

Ma il vantaggio è anche che la vostra famiglia vi vuole bene pure quando siete insopportabili e lamentosi, e vi insegna a volervi bene così come siete, difetti compresi.

E soprattutto, a forza di fare il tifo per voi, darvi pacche sulle spalle e qualche calcio nel sedere quando serve, la vostra prima squadra vi aiuta a costruirvi altre squadre-famiglie, tutte quelle che vi servono per rendere la vostra vita una figata, anche quando sembra che non lo sia per niente.

Forse da piccoli è più facile cominciare a costruirsele perché si è più spontanei, ci si fanno meno pip... paranoie mentali (tranquilla, mamma! Niente parolacce) e ci si trova più spesso infilati in qualche gruppo a scuola o facendo sport. Ma non è mai troppo tardi!

Costruitevi le vostre squadre: dipende solo da voi.

Potete costruirvele insieme ai vostri compagni di classe, i vostri colleghi di lavoro, le persone con cui fate volontariato o, che ne so, quelle che avete conosciuto al corso di cucina, in palestra o al corso di inglese.

Qualsiasi sia il motivo o la passione che vi ha messi insieme, che è sempre un'ottima base di partenza, noi tutti dobbiamo fare solo una cosa: darci da fare per gli altri.

È una cosa semplice ed egoistica.

Non perché la facciamo pensando: "Ecco, adesso lui è in debito con me", ma perché aiutare gli altri è importante. Mettersi al servizio degli altri è il principio dello scoutismo più bello in assoluto e in cui credo di più. E poi, darci da fare per gli altri ci fa stare bene prima di tutto con noi stessi.

Se siamo stati abbastanza egoisti, quando servirà, quelli per cui ci siamo dati da fare ci saranno per noi, più avremo fatto per loro e più ci saranno.

Come lo so?

Lo so perché io sono il 3%.

La matematica e i numeri non mi sono mai piaciuti particolarmente, non per niente ho studiato Arti grafiche e comunicazione, però questo numero qui, questa percentuale ce l'ho bene in mente perché è quella dei bambini che sopravvivono a una meningite che ha causato una crisi settica acuta come la mia.

L'altro numero che cito sempre quando racconto la mia storia è il 104, cioè i giorni che ho passato all'ospedale di Padova dopo essere stata colpita da una meningite fulminante da meningococco C.

Sono entrata in ospedale il 20 novembre 2008 e sono uscita il 3 marzo 2009, dopo una settimana di coma farmacologico, altre settimane in terapia intensiva, 42 giorni di camera iperbarica, due amputazioni, una serie di trapianti di pelle sui monconi amputati e una lunga serie di medicazioni, durata anche dopo il ritorno a casa.

In pratica, cosa mi è successo? La meningite mi ha causato un'infezione gravissima e l'infezione ha creato una serie di trombi nelle vene, che hanno cominciato a scoppiare. Dove le vene scoppiavano, ovviamente il sangue smetteva di circolare e i tessuti morivano, andavano in necrosi, si dice.

Una volta curata l'infezione, dopo le prime due settimane nel reparto di terapia intensiva, la camera iperbarica è servita per accelerare il processo e vedere fin dove era arrivata la necrosi. Così i medici hanno capito che le mani erano quelle messe peggio, in pratica se ne erano andate. Quindi, sono intervenuti prima su quelle e mi hanno amputata sotto i gomiti, alcune settimane dopo sono passati alle gambe e quelle me le hanno amputate sotto alle ginocchia.

Avevo undici anni, è stata tosta, ma le mie squadre non mi hanno mai lasciata da sola.

Mia madre e mio padre erano sempre con me, nel fine settimana riuscivo a vedere Nico e Sole, e i nonni che vivevano più lontani trovavano sempre un modo per starmi vicino anche se non fisicamente.

E poi, c'erano le altre tre squadre, quelle che io chiamo "le mie tre S" e che mi ero costruita fino a quel momento: la scherma, la scuola e gli scout.

Con la prima, la scherma, è stato un colpo di fulmine.

Avevo cinque anni ed ero in una palestra di Mogliano Veneto, il mio paese, a seguire un corso di pallavolo, ma mi annoiavo da morire. Certo, nella pallavolo c'era più agonismo che nel saggio di ginnastica artistica che mi ero rifiutata di fare pochi mesi prima (tanto non si vinceva niente), ma per me era ancora troppo poco. Così, siccome non ero una tipa proprio tranquilla nemmeno da piccola, sono scappata e sono andata in esplorazione. Ho trovato una porta aperta sull'altro lato del corridoio e sono entrata. La prima cosa che ricordo sono questi bellissimi Zorro tutti bianchi. La seconda, stupendo!, il *bip* del segnapunti e il rumore metallico delle spade e delle cocce che si colpiscono.

Nella seconda squadra, la scuola, in un certo senso ci sono entrata per forza, non è che se ne potesse fare a meno. Non mi faceva impazzire andarci, ma ho sempre studiato, anche perché i miei sono i tipi da «Prima di tutto la scuola». Ma la fortuna è stata che ho sempre trovato dei fantastici compagni con cui fare squadra, appunto, aiutarsi quando ce n'era bisogno (con i compiti, le spiegazioni che non capivamo, qualche suggerimento durante le interrogazioni), ma anche farsi grandi chiacchierate, risate e prendere in giro qualche prof. (ma poco, eh!). Insomma, alla fine non sono mai stati solo compagni di scuola, ma sono diventati grandi amici al di là della classe, amici con cui condividere anche altri pezzi di vita.

Il gene dello scoutismo, invece, me l'ha trasmesso mia madre, che è stata scout pure lei. Sono entrata nella mia terza S come Lupetto a otto anni. Mi è piaciuto subito per l'indipendenza che mi ha permesso di conquistare (ero una bambina di otto anni che trovava stupendo dormire fuori casa) e per i principi su cui si fonda: rispettare la natura e, come vi dicevo prima, mettersi al servizio degli altri.

Quando sono entrata in ospedale ero il caposquadriglia delle Lontre, e quando ne sono uscita sono tornata a essere il caposquadriglia delle Lontre.

Solo le gare di scherma e la convocazione in Nazionale mi hanno convinta a mettere il fazzoletto e la camicia nell'armadio, più che altro perché se c'è una cosa che odio è fare le cose di corsa, senza gustarmele e senza dedicarci il dovuto impegno.

Ma il mio cuore di scout non ha certo smesso di battere: camicia e fazzolettone, come ho detto, sono ancora nel mio armadio. Perché io sono scout dentro e lo sarò per sempre.

Fino al momento in cui mi sono ammalata, quindi, io vivevo in pedana, vivevo a scuola, vivevo a scout: tornare agli amici e alla vita che facevo prima, tornare a fare le cose più normali è stata la spinta che mi ha salvata.

E mi ha salvata due volte.

La prima, in ospedale perché grazie alle mie squadre avevo un sacco di cose da godermi: ogni amico che veniva a trovarmi, ogni momento in cui c'era un po' di relax, in cui in TV c'era un programma che mi piaceva, un istante in cui riuscivo a non pensare a niente.

La seconda, quando sono uscita dall'ospedale.

"Rientrare in società", diciamo, è stato un casino perché tutti vedevano la carrozzina, le amputazioni, le ferite e tendevano a trattarmi con le pinzette, come una cosina delicata, carina e coccolosa, come se fossi fatta di cristallo.

Ecco, le mie squadre mi hanno aiutato a dimostrare a tutti che io ero la persona di prima.

Prima della malattia e delle amputazioni ti davo il cinque per salutarti? Benissimo, non è che senza mano non potevamo più farlo, semplicemente lo facevamo in maniera diversa.

Per questo vi dico: cercate le vostre "tre S", costruite le vostre squadre.

Non importa quanti anni avete, che lavoro fate, dove vivete: prendete le persone che vi stanno intorno e fatele sentire parte della vostra squadra mettendole al centro dell'attenzione, dedicandovi a loro.

Guardate quello che è successo a me.

Nel momento in cui ero messa male, diciamo pure malissimo, tutte le persone che avevo aiutato negli anni mi sono state vicino, mi hanno fatto capire che era valsa la pena preoccuparmi per loro, ascoltarli, sostenerli.

E non serve un problema grave per capirlo, a volte bastano i piccoli gesti che le vostre squadre possono fare nella vita di tutti i giorni, fosse anche solo ascoltarvi perché avete avuto una giornata storta o, meglio ancora, condividere con voi un momento di felicità (come è successo a me con il Bronzo di Rio).

Io vi assicuro che ci saranno momenti in cui sarete così grati delle persone che vi circondano che penserete: "Posso fare di più, voglio aiutare di più".

Datevi da fare per gli altri perché ne varrà la pena, arriverà un momento in cui vi renderete conto di quante belle persone avete accanto. E non c'è niente di più bello.

Ma non è finita qui.

La squadra Vio-Grandis e le mie tre S mi hanno aiutata a trovare la forza e la voglia di uscire dall'ospedale e ricominciare da capo, anche se temevo che niente sarebbe più stato come prima.

Con l'aiuto di tutte le mie squadre, ho cambiato punto di vista su quello che mi era successo e ho scelto di diventare un 3% solare, non un 3% rancoroso.

In che senso? Secondo una teoria, che la mia famiglia e io condividiamo, le persone con disabilità si dividono fra rancorosi e solari. I rancorosi sono la maggior parte e sono arrabbiati con il mondo per quello che gli è successo. I solari, invece, hanno deciso di viverlo come un'opportunità.

Quindi, io sono sopravvissuta e me la godo anche per tutti quelli che non ce l'hanno fatta.

Fatelo anche voi: godetevi tutto.

No, non pensando a quante persone più sfortunate di voi ci sono al mondo.

Non dovete né consolarvi pensando alle sfighe degli altri, né minimizzare le vostre perché c'è chi ne ha di più grandi.

Mettetela così: in un certo senso, tutti hanno le proprie disabilità.

Magari voi avete tutti i pezzi al posto giusto, ma avete affrontato o state affrontando lo stesso un momento molto difficile da cui non sapete come uscire, oppure vi è successo qualcosa di brutto, avete un problema che non riuscite a risolvere, un pensiero che continua a tormentarvi, un ostacolo che per voi è una montagna.

Allora sceglietete di essere solari e cominciate a cambiare il vostro punto di vista su quello che vi succede.

Non domandatevi:
perché è successo proprio a me?

Chiedetevi:
cosa posso fare per ricominciare da qui?

Tutto quello che ci succede è un'opportunità, a fare la differenza è solo il modo in cui lo affrontiamo.

SIATE EGOISTI: VACCINATEVI

E vaccinate i vostri figli, se ne avete.

Lo dico e continuerò a dirlo, ma mi piace anche metterci la faccia per portare avanti questa campagna di sensibilizzazione all'uso del vaccino contro la meningite.

E proprio per metterci la faccia, a gennaio 2017 tutta la squadra Vio-Grandis si è presentata all'ospedale di Monselice, in provincia di Padova, e ha fatto il vaccino tetravalente.

Ovviamente è scattato il selfie! Non c'è un modo migliore per far arrivare lontano il messaggio, no?

Il vaccino è una cosa piccola e semplice, ma può salvare la vita a voi e alle persone che amate.

Io sono uscita viva dalla malattia e sono felice della mia vita, ma so quanto è stato doloroso per me e per la mia famiglia. Sarebbe bastato un vaccino per risparmiarci tanto dolore.

Per questo insisto non solo sull'importanza di vaccinarsi, ma anche, e prima ancora, su quella di informarsi.

Lasciate perdere internet e non ascoltate nemmeno quello che dico io: informatevi da persone competenti come il vostro medico o i medici dell'ospedale più vicino che avete.

Io, per esempio, sono andata a chiedere informazioni e chiarimenti su come si creano i vaccini della meningite e sulle loro conseguenze direttamente a chi questi vaccini li ha inventati.

A primavera del 2017 ho incontrato a Siena il dottor Rino Rappuoli.

Il nome forse non vi dirà niente, ma Rappuoli studia i vaccini per la meningite da quarant'anni.

È a lui che si devono tutti i vaccini contro tutti i tipi di meningite, compreso il più recente contro quella da meningococco B, il risultato di una ricerca che gli ha fatto avere diversi riconoscimenti a livello internazionale.

Rappuoli mi ha spiegato che ci vogliono decine di anni per studiare e provare un vaccino e altri dieci prima che possa essere utilizzato su larga scala. Dieci anni di verifiche da parte degli enti certificatori, perché deve essere sicuro.

Per quanto riguarda le conseguenze del vaccino, subito dopo averlo fatto a volte può far venire un po' di febbre e altri sintomi simili a quelli dell'influenza, dare indolenzimento intorno alla zona in cui viene fatta l'iniezione, oppure dare una reazione allergica. Per questo il medico chiede sempre di restare almeno mezz'ora in ambulatorio dopo l'iniezione, in modo da poter intervenire subito se dovessero esserci problemi.

Quindi, sì, è chiaro che i vaccini hanno dei pro, ma anche dei contro: sono medicine, tutte le medicine li hanno. Il punto è che i pro superano i contro, visto che il vaccino contro la meningite può davvero fare la differenza fra vivere e morire.

Quindi, tenuto conto che ciascuno è libero di pensarla come vuole, informatevi da fonti serie prima di prendere qualsiasi decisione sull'opportunità di un vaccino.

Tornando alle cose in cui ho messo la faccia, ma anche i monconi e tutte le cicatrici per sostenere l'importanza del vaccino anti-meningite, fra queste c'è una campagna sociale che si chiama #WinForMeningitis.

Avete in mente la fotografa australiana Anne Geddes? Ma sì che ce l'avete in mente: è quella che fotografa i neonati in mezzo ai fiori o con dei costumi buffi, tipo da ape, da orsacchiotto o cose del genere. Io la adoro da sempre perché adoro i bambini!

Ad aprile 2016, lei in persona mi ha invitata a New York per un servizio fotografico che ha coinvolto altri cinque campioni dello sport paralimpico: Madison Wilson-Walker, che fa parte della squadra canadese di atletica leggera; Lenine Cunha, che fa parte anche lui della squadra di atletica leggera, ma portoghese; la ciclista americana Jamie Schanbaum; la brasiliana Suélen Marcheski de Oliveira, campionessa nei 100 e nei 200 metri di atletica; e Nick Springer, campione americano di rugby. Sono tutti sportivi super titolati nel mondo paralimpico che hanno avuto la meningite come me, anche se a un'età diversa dalla mia e con conseguenze diverse.

Lo scopo era fotografarci insieme a un bambino piccolo, ma proprio piccolo, con i segni che la malattia ci ha lasciato bene in vista.

In pratica, dal contrasto doveva essere chiara una cosa: questo bambino, se non lo vaccinate, potrebbe diventare come me, senza gambe, braccia, con tutte queste cicatrici. Sempre che sopravviva. Pensateci: ne vale davvero la pena?

È stata un'esperienza stupenda. Intanto perché io adoro lei, e questo mi pare chiaro.

Poi perché vedere tutti gli scatti, anche quelli degli altri atleti, mi ha ricordato ancora una volta quanta forza e quanta responsabilità ci ha lasciato la malattia.

Noi siamo forti, siamo sopravvissuti e dobbiamo dirlo con forza a tutti: vaccinatevi e vaccinate i vostri figli, perché la meningite si può sconfiggere.

TROVA IL TUO SOGNO

Di come puoi imparare a fregartene della paura
e pensare solo alle tue passioni

Il fioretto è innestato bene.

Il passante è collegato.

Simone apre una mano, io gli porgo il braccio destro, lui me lo sfila e se ne va.

Allungo il fioretto verso la mia avversaria, la cinese Jingjing Zhou, e l'arbitro fa spostare le pedane finché la mia punta arriva a toccare la piega interna del suo gomito destro.

Ecco, ora siamo alla distanza giusta.

Simone torna, mi stringe la fascia e, prima di andare a sedersi dietro di me, mi dà una pacca sulla gamba. Lui non se ne rende conto ma lo fa ogni volta e siccome io sono mega scaramantica sto attenta che non si dimentichi mai, perché ormai è un gesto che porta fortuna.

La Zhou prova la gorgiera della mia maschera: *bip* e luce verde. Io provo quella della sua: *bip* e luce rossa.

Tutto a posto.

Saluto.

Respira, Bebe, respira.

Mi metto la maschera.

Quando finalmente me la tolgo, grido con tutto il fiato che ho e comincio a piangere: ho vinto la mia prima medaglia paralimpica ed è un Oro.

Dall'inizio dell'assalto al momento in cui mi tolgo la maschera sono passati un minuto e tredici secondi, ma questo l'ho scoperto solo poco prima della premiazione perché è sempre così, quando mi metto la maschera è come entrare in una macchina incasinatempo: vedo solo l'avversaria che ho davanti e so che devo ammazzarla il più in fretta possibile (in senso agonistico, ovviamente).

Quel 14 settembre 2016 alla Carioca Arena 3, le gare per il titolo paralimpico del fioretto individuale categoria B sono cominciate alle nove del mattino con i gironi e sono finite alle quattro del pomeriggio con la finale contro la Zhou. In mezzo ci sono stati gli ottavi, i quarti di finale e la semifinale e ho eliminato cinque avversarie (una, la cinese Yao Fang, nei gironi e poi in semifinale). Ma secondo voi, io mi sono accorta che era passata una giornata?

Vi dico solo che ancora oggi faccio fatica a credere che sia successo davvero. Ogni volta che ci ripenso mi prende una strizzata allo stomaco e mi viene un sorrisone da qui a lì.

Considerate che ho iniziato il countdown per Rio 500 giorni prima dell'apertura dei giochi (e in un anno ce ne sono 365, quindi fate voi i conti di quanto tempo prima ho cominciato a pensarci e a parlarne).

Avete in mente i bambini quando in viaggio continuano a dire: «Siamo arrivati? Quanto manca?». Eccomi, io ho fatto più o meno così per 500 giorni, solo che me lo dicevo da sola.

E comunque, dopo 500 giorni così, quando mi sono ritrovata in pedana ancora mi domandavo come avevo fatto ad arrivarci.

Che, poi, è il bello dei sogni: ti emozionano prima di realizzarli, non ci credi quando ti rendi conto che ce l'hai quasi fatta, continuano a emozionarti quando li hai realizzati ed è proprio il voler provare di nuovo tutte quelle emozioni che ti spinge a cercare un altro sogno da realizzare, ancora più grande del primo.

Quindi, se posso darvi un consiglio,

cominciate a cercarvi un sogno
perché i sogni sono tutto nella vita.

Cominciate subito, non rimandate, né se siete grandi, né se siete giovani o giovanissimi, perché non è mai troppo tardi o troppo presto per cominciare a sognare.

Per esempio, io l'Olimpiade ho iniziato a sognarla a cinque anni.

Usavo un fioretto di plastica e la maschera era più grande di me, ma appena ho cominciato a capire quante emozioni mi dava la scherma, ho deciso che io dovevo arrivare alle Olimpiadi.

A undici anni, nel momento in cui mi sono ammalata, ero quinta nel ranking nazionale, quindi diciamo che avevo lavorato bene per realizzare il mio sogno. Senza la meningite e le amputazioni, sarei arrivata lo stesso alle Olimpiadi? Non posso saperlo e, sinceramente, chi se ne importa: l'unica cosa che conta è che il sogno è rimasto lo stesso, anche se in un certo senso è un po' cambiato.

A cinque anni sognavo di andare alle Olimpiadi, a diciannove sono andata alle Paralimpiadi perché la vita mi ha messo qualche ostacolo sulla strada. E allora? Ho "riaggiustato" il sogno strada facendo, ma senza mai perderlo di vista, senza dimenticare la passione che mi spingeva.

Insomma, qualsiasi cosa accada, non perdete di vista il vostro sogno.

Io sono stata fortunata perché il mio si è realizzato a diciannove anni, però ci sono persone che lavorano per tanti più anni di me per arrivare alle Olimpiadi. A me è andata bene, ma credo che ci sia un motivo: faccio una cosa che veramente mi piace, anzi, che veramente amo.

Per me la scherma è tutto, ve l'ho detto, io sono innamorata persa della scherma. Lo sono dello sport in generale, è vero, ma la scherma è il primo amore, quello vero e grande.

Capiamoci, però: non è che vi sto dicendo che è una passeggiata, che adesso vi trovate una passione, un sogno, lo coltivate e lo realizzate perché vi siete impegnati tanto. Magari!

Realizzare un sogno è impegnativo: non si finisce mai di lavorare, anche quando sembra di essere arrivati.

Prendete me.

Arrivare alla finale per l'Oro olimpico era il mio sogno da sempre. A undici anni mi ammalo e mi tagliano via i pezzi che mi servono per fare scherma, ma io mi impunto e alla fine ci arrivo, sono a Rio.

La preparazione per arrivarci è stata durissima. Fino alla settimana prima di partire mi sentivo pronta a spaccare tutto.

Poi mi sono infortunata.

Il problema è stato che sono arrivata alle settimane subito precedenti alla partenza dopo un periodo molto faticoso.

Gli allenamenti erano stati molto intensi, anche otto o nove ore al giorno, e in più c'era stata la maturità da affrontare non solo a livello di studio (ve ne parlerò), ma anche di sforzo fisico.

Infatti, il polso della protesi è rigido, quindi scrivere molto per me comporta un grosso lavoro di spalla. Così, con il tema di italiano e il compito di matematica ho aggiunto un'altra sollecitazione alla spalla sinistra.

In più, sentivo tantissimo la pressione.

Per tutti avevo già vinto perché erano due anni che mi aggiudicavo l'Oro a ogni competizione a cui partecipavo.

Statisticamente ci stava anche, quando si tratta di matematica non provo nemmeno a discutere. Ma in quel periodo complicato, quella statistica è diventata un po' pesante per me.

Mi dicevo: "E se poi non ce la faccio? E se poi perdo?".

Mentre io mi faccio tutte queste paranoie mentali, succede che Arianna Errigo, la fiorettista numero uno del ranking mondiale nonché uno dei miei miti, viene eliminata agli ottavi di finale alle Olimpiadi di Rio, dopo due anni che vinceva tutto.

Arianna, insieme a Valentina Vezzali e a Elisa Di Francisca fa parte del mio personale *Dream Team*, quello che mi ispira, quello al quale vorrei "rubare" alcune precise caratteristiche: la "cattiveria" agonistica e la concentrazione a Valentina, la tecnica ad Arianna e la tranquillità a Elisa.

Vedere uno dei miei tre miti sconfitto, quando io mi aspettavo di vederla in finale come a Londra 2012 contro l'altro mio mito Di Francisca, è stato davvero un colpo. Per fortuna che Elisa ha conquistato l'Argento.

Mi è dispiaciuto tantissimo per lei e ho cominciato a pensare a come doveva sentirsi.

Più ci pensavo e più mi dispiaceva.

E più mi dispiaceva e più pensavo che, se era successo a un mio mito, poteva assolutamente succedere a me.

A confermarlo anche il fatto che, pochi giorni prima dell'eliminazione di Arianna, ero arrivata seconda in Coppa del Mondo a Varsavia, dopo due anni ininterrotti di vittorie.

Che cosa potevo fare per cercare di arrivare il più preparata possibile a Rio? Ammazzarmi di allenamenti.

Nell'ultimo mese prima di partire ho fatto tutti i giorni due o tre ore di preparazione atletica e tre o quattro ore di scherma.

Per farvela breve, ho esagerato e mi sono affaticata troppo la spalla sinistra.

Il tutto una settimana prima di partire, quindi il mio allenatore mi dice: «Bebe, adesso ti fermi. Non tiri più, fai solo preparazione atletica».

Quindi, sono arrivata a Rio con la spalla malconcia e non ho potuto allenarmi nemmeno lì.

Vi assicuro che vedere gli altri tirare e non poterlo fare anch'io è stata una tortura, sono state le due settimane peggiori della mia vita e io sono stata la Bebe peggiore della mia vita.

E quando dico la peggiore della mia vita, intendo dire davvero la peggiore in assoluto.

Ero nervosa, tesa e abbastanza insopportabile, un po' per la tensione che giustamente hai per il fatto di essere alle Paralimpiadi, e un po' per l'infortunio.

Per quella terribile Bebe a fare la differenza, e a farla davvero tanto, sono stati gli sparring partner.

Uno sparring partner si può definire un allenatore che "scende in campo".

È una figura molto presente nel pugilato e negli sport di combattimento in generale, dove hai bisogno di un avversario vero per metterti alla prova, ma devi anche essere sicuro che l'avversario vero non rischi di farti mai del male.

Nel caso della scherma paralimpica, lo sparring partner ti si siede di fronte in carrozzina e combatte con te per perfezionare la tua preparazione dal punto di vista fisico, ma non solo.

È anche quello che fa un grosso lavoro dal punto di vista psicologico, quello che ti sopporta e supporta nei momenti peggiori, che ti motiva, che ti fa tirare fuori la grinta che serve per salire in pedana.

Ecco, io devo dire grazie ad Alessandro Paroli, il nostro sparring partner dell'Accademia della Scherma di Livorno e fiorettista della Nazionale normodotati.

Non so come abbia fatto, ma mi ha sopportato e supportato anche in momenti in cui non mi sopportavo da sola.

Tutto questo per dirvi ancora una volta, e ve lo dirò ancora tante volte, che anche se affronti da solo la sfida, tutti i singoli componenti della squadra che hai alle spalle sono fondamentali per arrivare all'obiettivo.

Quindi, vi dicevo, stavo dando il peggio di me da tutti i punti di vista.

Cavoli, ero alle Paralimpiadi, erano gli ultimi giorni prima del momento più importante della mia vita, dovevo allenarmi!

Finalmente, a quattro giorni dalla gara, ho ricominciato a tirare: un disastro.

Quattordici anni che me lo sognavo e stava andando tutto male.

Solo gli ultimi due giorni ho cominciato ad andare un pochino meglio, ma giusto un pochino.

La sera prima della gara mi sono messa sul balcone con Andreea Mogos, la mia compagna di stanza, e abbiamo cantato per due ore a squarciagola solo canzoni di Jovanotti, tra le quali ovviamente la mia preferita del momento, *Ragazza magica*, e mi sono caricata al punto giusto.

Alla fine, mi sono detta: "È la giornata della tua vita, devi scegliere tu di giocartela bene".

Quindi, dopo una vita che lo sogno, la meningite, le amputazioni, la spalla fuori uso, due giorni di allenamento da schifo, due giorni di allenamento così così, due ore a cantare Jovanotti, sono in quella finale che volevo tanto, ma chi se lo immaginava che ci sarei arrivata davvero?

Ma non è finita! È proprio lì che tutto comincia, quando il traguardo è lì davanti e potresti dirti che alla fine è già una bella soddisfazione.

**Non vale accontentarsi.
Bisogna lottare fino in fondo,
anche se abbiamo paura.**

Quel pomeriggio a Rio io ho avuto paura dall'inizio alla fine della gara.

Avevo tre minuti e quindici stoccate per realizzare un sogno che inseguivo da quattordici anni, anzi che inseguivamo da quattordici anni io e tutte le mie squadre insieme a me.

Se non avessi avuto paura, da dove mi sarebbe arrivata l'adrenalina per mettere le prime quattro stoccate una dietro l'altra senza dare spazio alla mia avversaria?

La paura non deve bloccarvi, non è una vostra nemica: è un'alleata.

Se non hai paura, vuol dire che non sei abbastanza concentrato e, quindi, stai sottovalutando l'avversario (o il problema da risolvere, l'ostacolo da superare per arrivare a realizzare il tuo sogno).

Io, per esempio, lo sottovaluto così poco che finisco per pensare di essere sempre sotto, di essere sempre sul punto di perdere, che quella è l'ultima possibilità, l'ultima stoccata prima che l'assalto si chiuda, prima che l'arbitro dica che è finita, che ho perso e che la mia avversaria si tolga la maschera esultando.

Non c'è tattica che regga in quei momenti, devi solo cercare di mantenere la concentrazione ai massimi livelli ed essere più veloce.

Come dico sempre io, bisogna essere felicemente impauriti, cioè

il trucco è
trasformare la paura in adrenalina,
l'adrenalina in cattiveria agonistica
e la cattiveria agonistica in felicità.

Ma bisogna sempre fare attenzione a non esultare troppo presto.

La gara non è finita finché non si tira la stoccata decisiva.

Non li controlliamo noi gli imprevisti.

A un certo punto della finale, faccio due stoccate su parata e risposta. Non sapevo bene a quanto eravamo perché non lo so mai fino alla fine, e a volte anche dopo, ma l'importante era andare avanti a fare punti.

Quindi, metto quest'altra stoccata e parto per mettere la terza, ma la Zhou risponde, mira alla mia schiena, però mi prende in testa.

Ecco, prendere una fiorettata in testa è una cosa che fa un male assurdo perché immaginatevi la forza che può avere. Ovviamente la Zhou era dispiaciutissima, anche se non l'aveva mica fatto apposta. Sono cose che capitano in certi momenti di grande agonismo.

Ma io potevo perdere la concentrazione? Assolutamente no.

È arrivata Veronica, la fisioterapista, a mettermi il ghiaccio sulla testa e – tra tutto il casino, le facce spaventate, l'ansia della fine, l'adrenalina che scorreva dentro ognuno di noi – al posto di chiedermi se stessi bene mi ha detto: «Che schifo, sei tutta sudata!». E pare assurdo, ma è stata la cosa migliore che potesse dirmi, perché siamo scoppiate a ridere, poi mi ha tolto il ghiaccio, mi ha guardato negli occhi e mi ha detto: «Ora smettila di ridere e finiscila».

E poco dopo aver riso, ho cominciato a piangere.

Ho pianto per tutto il palazzetto (e ho fatto piangere tutto il palazzetto e, mi dicono, anche il pubblico che guardava da casa) e ho urlato tutto quello che avevo tenuto dentro negli ultimi mesi.

Quell'Oro ha significato tanto per le mie squadre

e per me, è stato il traguardo tagliato dopo tanti anni di attesa e tanti ostacoli di tutti i generi superati.

E anche il fatto che la finale sia stata trasmessa in diretta su Rai Sport 1 è stato bellissimo perché spero sia servito a tante persone, con o senza tutti i pezzi al loro posto, per capire che tutti, ma proprio tutti abbiamo dentro di noi la forza per realizzare i nostri sogni.

Mi sento una super privilegiata perché è stato un modo fantastico di confermare a me stessa che non bisogna mai smettere di provarci: bisogna trasformare i sogni in obiettivi e fare di tutto per raggiungerli.

C'è tanta differenza fra sogni e obiettivi.

Il sogno è, che ne so, fare l'astronauta. È una cosa che ti piacerebbe fare, ma forse non ci credi neanche fino in fondo, ti accontenti di avere quell'idea e di pensarci ogni tanto.

Ma se sulla luna vuoi arrivarci veramente e ci lavori, sulla luna ci arrivi perché quel sogno è diventato il tuo obiettivo.

La differenza fra un sogno e un obiettivo sta nell'iniziare a lavorare per raggiungere ciò che si vuole veramente.

Un conto è prendere un sogno, metterlo in un cassetto e lasciarlo lì a far polvere. Ogni tanto aprite il cassetto, lo guardate e dite: «Oh, che bel sogno!».

E un altro è prendere un bel foglio, scriverci sopra i vostri sogni (uno, due, dieci, non è che ci sia un limite), prendere quella lista e metterla bene in vista da qualche parte: sopra la scrivania dove studiate, sul comodino dove la guardate prima di dormire, in cucina vicino al tavolo dove potete vederla tutte le mattine quando fate colazione.

Fatela come volete e mettetela dove volete, ma poi cominciate subito a darvi da fare per farli diventare i vostri obiettivi.

Impegnatevi tanto perché è bellissimo raggiungere un obiettivo e spuntarlo dalla lista.

Spuntare gli obiettivi raggiunti è bellissimo.

Per me, i più belli da spuntare sono stati arrivare alle Paralimpiadi e vincerle, dopo essere riuscita a finire bene la maturità.

Erano tutti obiettivi ambiziosi che ho dovuto in qualche modo riaggiustare, come vi dicevo, in base agli ostacoli che mi sono trovata davanti, e sono strafelice di averli raggiunti, ma non è mica finita qui.

Ci sono ancora tutti quelli che voglio raggiungere nel futuro, come prendere la patente, andare a studiare Comunicazione all'università, arrivare di nuovo alle Paralimpiadi e un sacco di altre cose che ancora nemmeno so e che scoprirò appassionandomi a quello che arriverà di inaspettato nella mia vita.

Che siano novità positive o negative poco importa, perché alla fine si può riuscire a tirar fuori qualcosa di positivo da tutte, senza rinunciare ai sogni e alle ambizioni.

Insomma,

non ponetevi limiti.
Se ci mettete passione,
tempo e tanto impegno
non ci sono ostacoli insuperabili.

Non lasciatevi condizionare, fate tutto quello che volete fare, divertitevi, fate tutte le cose che vi piacciono perché alla fine la vita è la vostra e nessuno può viverla al posto vostro dicendovi cosa sognare, cosa desiderare.

Prima della maturità, quando a scuola è stato il momento di scegliere l'università, io mi sono incavolata tantissimo con alcuni miei compagni perché dicevano: «Io vorrei fare questa facoltà, ma i miei genitori mi dicono che non è quella giusta per trovare lavoro, quindi faccio quest'altra perché loro dicono che così lo trovo».

Ma no! Non si deve pensare in questo modo, si deve pensare solo in base alle proprie passioni perché una passione può diventare la tua vita.

Guardate me: la mia più grande passione è la scherma e adesso mi sto impegnando per andare alle prossime Paralimpiadi.

Mi piace parlare con le persone e adesso incontro un sacco di gente e scrivo anche libri per parlare a più persone possibili.

Mi piaceva disegnare, adesso faccio la grafica e ho

lavorato per Fabrica, l'agenzia di comunicazione del gruppo Benetton.

Quindi, veramente tutti i sogni che avete, tutte le passioni, le cose che vi piacciono un giorno potranno diventare qualcosa di importante per voi se vi impegnate.

Fate ciò che volete, fate veramente ciò che volete, non scegliete di pensare: "Io non ho sogni".

Non ci credo!

I sogni ce li avete, solo che magari avete paura di tirarli fuori.

Adesso basta, smettetela di avere paura e metteteci tutta la grinta che avete per trovare il vostro sogno, trasformarlo in un obiettivo e raggiungerlo.

Non vi manca nulla. Tirate fuori solo un po' di coraggio in più, trovate nuovi obiettivi per migliorarvi sempre e non fatevi fermare dagli intoppi, di qualsiasi tipo siano.

Credeteci: i sogni si avverano.

VIAGGIO DI UN TELEFONO

Non so se l'avete capito, ma a Rio è stato tutto stupendo, proprio tutto, anche il viaggio.

Anzi, diciamo che il viaggio è stato stupendo per me e anche per il mio cellulare.

Allora, io sono partita il 4 settembre da Venezia con tutta la famiglia. A Roma mi sono trovata con i miei compagni di squadra e siamo partiti tutti per Rio.

Dopo una decina di ore di viaggio, atterriamo, prendiamo i bagagli (ci vuole sempre un sacco di tempo perché abbiamo anche tutte le carrozzine e le pedane da scaricare).

Quando siamo usciti dall'aeroporto, io ero super esaltata! Ci siamo messi sull'autobus e abbiamo attraversato Rio con i palazzoni e le *favelas*.

Mi sono accorta quando ero già nel villaggio olimpico di non avere più il telefono.

Dopo un'ora di pullman, appena arrivata volevo cominciare a postare video su Instagram, ma cerca e ricerca e il telefono era sparito.

Ma potevo arrendermi così? Con il cellulare di una mia amica ho subito creato un gruppo su WhatsApp e ho detto ai miei genitori che pensavo di aver dimenticato il telefono sull'aereo.

Mia madre ha chiamato l'Alitalia e una hostess è andata a recuperarlo. Solo che l'aereo, nel tempo in cui io arrivavo a Rio e al villaggio e tutto il resto, stava tornando a Roma. Così il mio amico Emanuele Lambertini, che arrivava da Bologna, ha fatto scalo a Roma, ha preso il telefono e me l'ha portato a Rio.

Quando si dice un lavoro di squadra!

RIO, AMORE MIO

In questi anni con la Nazionale paralimpica di scherma ho visto un sacco di posti fighissimi, ma Rio è quello che mi è piaciuto di più. Il Brasile in generale è un posto pazzesco.

Soltanto il viaggio dall'aeroporto al villaggio olimpico è stato strano perché sei sul bus e stai andando in un posto che sai già che sarà bellissimo, poi passi in mezzo alle *favelas*.

Se non ne avete mai sentito parlare, le *favelas* sono quartieri poverissimi, dove le case sono costruite con quello che capita (mattoni, legno e tutto il materiale che si può trovare in una discarica) e la gente vive in condizioni difficilissime.

Vedere le *favelas* mi ha fatto un sacco impressione perché noi eravamo su questo bus, vedevamo la città con i palazzoni e sembrava tutto "normale", ma a un certo punto spuntano queste casette e queste persone. Insomma, vorresti fermarti e fare qualcosa di utile per loro.

IL VILLAGGIO OLIMPICO:
UN MONDO PARALLELO

Il villaggio olimpico si trovava a Barra da Tijuca ed era enorme.

Intanto, va detto che era lo stesso delle Olimpiadi dei normodotati, perché altrimenti la gente pensa che se ne fa uno apposta per le Paralimpiadi, ma non è così.

Semplicemente, quando costruiscono il villaggio olimpico, tengono conto da subito che dovrà ospitare anche persone con disabilità e lo costruiscono in modo che con poche modifiche poi possa ospitare senza problemi anche gli atleti disabili.

Comunque, è un posto pazzesco: nel nostro c'erano trentuno palazzi e in ogni palazzo "abitava" più di una nazione. Noi eravamo con Iran e Colombia.

In pratica, siamo rimasti al villaggio per tutte e due le settimane dei giochi perché il palazzetto dove dovevano esserci gli allenamenti e le gare era stralontano e si perdeva un sacco di tempo fra andare e tornare perché a Rio c'è un traffico pazzesco.

Quindi, non potevamo perdere tutti i giorni tutto quel tempo, ma non potevamo nemmeno saltare gli allenamenti. Allora ci siamo organizzati: abbiamo montato abusivamente le pedane da scherma che c'eravamo portati dall'Italia nei garage degli appartamenti e facevamo allenamento lì. Una polvere assurda, ma eravamo vicini (e al mattino non dovevo svegliarmi all'alba, che non è una cosa da poco) e potevamo allenarci.

Però il mio posto preferito del villaggio olimpico era la mensa.

Io non ho mai mangiato perché guardavo gli altri.

C'erano, per dire, persone senza braccia che portavano il vassoio con il mento o che mangiavano con i piedi. C'era un tetraplegico che muoveva solo la bocca e aveva un braccio robotico montato sulla carrozzina per riuscire a fare tutto da solo. C'era quello che io ho definito un super nano (era davvero piccolissimo) che non arrivava proprio al banco e continuava a saltare per vedere che cosa c'era da mangiare.

Ma le mie preferite erano le squadre di calcio di non vedenti.

I giocatori arrivavano in fila indiana, tenendo una mano appoggiata sulla spalla del giocatore davanti. A guidare la fila c'era il portiere, che è l'unico della squadra che ci vede. Si avvicinava al bancone della mensa e diceva al giocatore dietro di lui che cosa c'era da mangiare. Il giocatore dietro al portiere lo diceva a quello che veniva dopo nella fila e così fino in fondo, tipo telefono senza fili. Era una cosa pazzesca da vedere!

Ecco, lì a mensa io ho capito quanto sono fortunata perché la mia disabilità è davvero lieve rispetto a quella di tante altre persone che ho ammirato tantissimo perché riuscivano lo stesso a fare tutto da sole.

È quello che dico sempre: le persone con disabilità non sono "poverine", non sono fatte di cristallo, possono fare tutto da sole.

Sì, hanno bisogno di qualcuno che gli monti la protesi, il braccio meccanico, o il pezzetto che gli serve, ma poi basta, possono fare da soli come tutti gli altri.

È come quando uno è miope e mette gli occhiali, la stessa cosa.

Non è che dici «non sono disabile» e nemmeno che è tutto facile, anzi al contrario: ogni cosa semplice te la devi guadagnare, devi trovare il modo di farla e non è più una cosa semplice, ma per me è proprio questo il bello.

La cosa importante che noi disabili dobbiamo assolutamente fare è smettere di lamentarci.

Diamoci da fare e non perdiamo tempo a lamentarci. Certo, è più difficile ma, lo ripeto, è proprio questo il bello.

DIVERTITI: LA PASSIONE È TUTTO

Ovvero di come e dove si trovino le proprie passioni

Una cosa che dovete sapere di me è che sono una che si innamora spesso.

No, non parlo di fidanzati (eh, no, niente gossip!), parlo… be', potremmo quasi dire che parlo in generale: io mi innamoro delle cose che faccio, mi lancio, mi butto completamente, mi appassiono, mi lascio prendere, conquistare. Okay, sì, avete capito.

La conseguenza è che ho un sacco di passioni.

Vi ho già raccontato di come le tre S – scherma, scuola, scout – mi abbiano aiutato a riprendermi la mia vita dopo la meningite e le amputazioni.

E vi ho raccontato anche di come la scherma mi abbia spinto a coltivare un sogno fin da piccolina, a trasformarlo in un obiettivo e a realizzarlo dopo tanti anni, tanto impegno, fatica e casini vari.

A parte queste tre che cito sempre, però, ho tante altre passioni, grandi e piccole ma tutte importantissime.

Eh, sì, perché la prima cosa da dire a proposito delle passioni è che non ce ne sono di più importanti o meno importanti, non è una gara (e se ve lo dico io che sono una malata di agonismo, credetemi), non c'è una classifica.

Le passioni sono tutte importanti perché tutte ci rendono felici.

Quindi, vi dicevo, io ne ho un sacco: la mia famiglia e tutte le altre mie squadre, tutti i miei amici (che, poi, sono una squadra anche loro), gli spritz, il sushi ma anche le patatine, gli affettati e i formaggi (anche perché ci stanno benissimo con lo spritz), l'arte e la grafica, lo sport, art4sport (la nostra associazione che aiuta i bambini amputati), l'Isola d'Elba, le canzoni di Jovanotti, i viaggi, i selfie.

E poi ho una passione per le altre persone in generale, mi piace parlarci e adesso che sono diventata più brava con l'inglese (ma c'è sempre da migliorarsi!) è ancora più bello perché posso parlare con ancora più persone di prima.

Ma ho una passione per gli altri anche nel senso che mi piace aiutarli quando posso perché aiutare è importante.

Con la mia famiglia, come dicevo prima, cerchiamo di aiutare i bambini amputati attraverso art4sport.

Al quarto anno delle superiori ho anche fatto un'esperienza bellissima con la scuola aiutando un'associazione che gestisce una mensa per senzatetto. Purtroppo in quel momento la mia vita era già molto incasinata con gli impegni di scuola e della Nazionale, gli allenamenti, la fisioterapia e tutto il resto, così è rimasta un'esperienza unica, ma mi ha convinto ancora di più che aiutare gli altri è stupendo e fondamentale.

«Certo» direte voi, «tu sei fatta così, sei una che si butta nelle cose e si appassiona, ma non siamo tutti uguali».

Avete ragione, ognuno ha il suo carattere, non a tutti viene naturale appassionarsi a qualcosa.

Ma, anche se avete ragione, cerchiamo di non farla diventare una scusa.

In che senso? Io non ci credo al destino, alla cosa che è il tuo carattere, sei fatto così e basta. Non c'è niente di immutabile nella vita, secondo me. Io credo nella forza delle persone, nella loro volontà di cambiare se stessi e il mondo.

Per questo sono convinta che trovare una passione non sia questione di carattere, ma di testa.

Non sto dicendo che dovete mettervi a tavolino e domandarvi: "Vediamo un po', quali potrebbero essere le mie passioni? Giardinaggio? Cucito?".

Quello che intendo è che per trovare le proprie passioni bisogna avere una mente aperta al mondo.

È difficile? Per qualcuno di più, per qualcuno di meno. Ma difficile non vuole dire impossibile (e anche sul concetto di "Impossibile" dovremo discutere).

Quando ho abbandonato la palestra della pallavolo e sono entrata in quella della scherma, dove ho trovato il primo grande amore della mia vita, avevo cinque anni. Ero piccolissima! Ero così piccola che al mio primo maestro di scherma, il mitico Gastone Gal, arrivavo a malapena al ginocchio.

Oppure, quando avevo nove anni, sono stata eletta nel CCR, il Consiglio comunale dei ragazzi.

È un'iniziativa che si fa ancora oggi a Mogliano e ha un grande successo. In pratica, si fa un Consiglio comunale vero e proprio, con il sindaco, gli assessori e le commissioni, ma composto tutto da bambini e ragazzi che vengono votati nelle scuole dopo una "campagna elettorale".

Il CCR si riunisce in Comune due volte al mese e due volte l'anno si fa anche una riunione con il vero Consiglio comunale per confrontarsi sui progetti proposti dai bambini.

Dopo essere stata eletta nella mia scuola, sono finita nella commissione Sicurezza, anche perché in campagna elettorale avevo proposto di fare le piste ciclabili in paese e avevo riscosso molto successo.

Appena ho capito tutto quello di cui si occupava la commissione, mi ci sono appassionata. Cavolo, davvero io potevo cambiare le cose? Davvero io potevo farmi ascoltare dai grandi? Era una cosa fantastica! Dovevo subito darmi da fare.

Così, ho scritto una lettera al vero sindaco di Mogliano Veneto e gli ho chiesto di risolvere i problemi di alcune strade del paese – buche, allagamenti e strisce pedonali – per renderle più sicure per noi bambini.

Ecco, è quella spinta verso il mondo che dobbiamo ritrovare, quella voglia di guardarci intorno e di provare a fare cose nuove, mettendo da parte le scuse tipo «Ma io non sono fatto così», «Ma io ho paura» e soprattutto «Io non ho tempo».

Non vi sto dicendo di diventare delle specie di pazzi incoscienti, ma solo di aprire gli occhi e le orecchie perché le vostre passioni magari sono già lì davanti a voi, pronte a riempirvi la vita, ad aiutarvi a trovare un sogno, a farlo diventare il vostro obiettivo e a raggiungerlo. Nella vita di tutti i giorni abbiamo già tutto quello che ci serve per essere felici e soddisfatti.

È stato così anche nella mia, credetemi.

Prendete la scuola, la seconda delle mie tre S.

Io alle superiori ho fatto Arte grafica e comunicazione all'Istituto salesiano San Marco di Mestre.

La mia giornata media, e quella dei miei compagni di classe, si ripeteva più o meno tutti i giorni così: sveglia presto (io mi alzavo alle 6) per essere in classe alle 8, lezione fino alle due del pomeriggio, poi autobus, scendi alla stazione di Mestre e cambia autobus, arriva a casa, pranza, fai i compiti, perché con la scuola non finisci quando suona la campanella.

Ma io ero innamorata della mia scuola.

Ero avvantaggiata perché le mie passioni per l'arte e il disegno erano fondamentali per studiare lì, ma i momenti pallosi, complicati, quelli in cui ero stanca e mi dicevo: "Ma perché devo andarci? Perché nessuno mi capisce?" sono capitati anche a me. Però mi sono impegnata a ritrovare la mia passione per quella scuola tutti i giorni, anche in quelli più storti.

Io lavoro da troppo poco tempo per poterlo dire, ma immagino che con il lavoro sia la stessa cosa, e anche con tante altre cose nella vita.

E chi l'ha detto che in quello che fate tutti i giorni non si nasconda una passione?

Magari ve la siete solo dimenticata a forza di fare e rifare sempre la stessa cosa.

Qualcuno potrà dirmi: «Ma io faccio un lavoro che non volevo fare».

Deve essere difficile, lo capisco, non sono così ingenua da credere che nella vita le cose vadano sempre come vogliamo, però sono convinta che anche dalle cose peggiori possa nascere qualcosa di buono.

Fate un lavoro che non vi piace? Oppure c'è qualcosa nella vostra vita che non vi piace, ma dovete sopportarla per forza? Cercate di trovarci un lato positivo e lì troverete la scintilla per appassionarvi.

E se non la trovate in quel lavoro o in quella cosa, cercatela in tutto il resto.

Trovare le proprie passioni non è sempre facile, è vero. Non piovono dal cielo, non le trovi fuori dalla porta quando esci di casa la mattina, ma a volte sono molto più vicine di quanto crediamo.

La mia passione per l'arte, per esempio, è grandissima ed è nata grazie a mia madre.

Non ho dovuto andare a cercare chissà dove, chissà che cosa, chissà quale stimolo o spunto, mi è bastato guardare lei.

Mia madre ha studiato arte all'Accademia di Brera

a Milano e, dopo alcuni anni di lavoro, ha fatto un corso di restauro. Quando abitavamo in campagna, appena fuori Mogliano Veneto, lei aveva un laboratorio in cui rimetteva a nuovo mobili antichi. Ha un grande senso estetico e, quando abbiamo traslocato dalla vecchia casa a quella dove stiamo ora, si è preoccupata lei di tutto, dalla scelta dei pavimenti ai mobili. Ecco, nonostante le piacciano un po' troppo i mobili vecchi, io ho scoperto l'arte grazie alla sua passione.

Una cosa che racconto sempre è che quando mi hanno amputato le braccia io pensavo di non poter più disegnare e l'idea di rinunciare al disegno, all'arte e a tutto quello che significa per me questa passione mi metteva un'ansia pazzesca.

Invece, mia madre mi ha detto: «Tu potrai sempre disegnare perché l'arte è nella testa, non nelle mani».

E la mia passione per l'arte è diventata più forte di prima. E aveva ragione.

Così, quando è nata art4sport, io ero tanto presa dall'arte e dallo sport che ho chiesto di mettere insieme le mie due più grandi passioni nel nome dell'associazione perché ho subito pensato che avrei potuto creare qualcosa di "artistico" per aiutarla a crescere.

Da allora ho disegnato magliette, bigliettini di Natale, le carte da burraco (che abbiamo regalato anche a Francesco Totti, il mitico capitano della squadra della Roma) e anche il nuovo logo, che ho realizzato insieme al mio prof. di grafica delle superiori.

Nel nuovo logo, in pratica, abbiamo “sintetizzato” il concetto di amputazione in un tratteggio. Vi ho messo curiosità? Andate sul sito a vederlo: www.art4sport.org.

Anche il ciondolo che porto sempre è una specie di riassunto che mette insieme di nuovo la mia passione per la grafica e l’arte, ma questa volta con quella per la scherma.

Tutti gli schermidori hanno un piccolo simbolo legato alla scherma che disegnano accanto alla firma. Di solito scelgono praticamente tutti il fioretto, ma io volevo qualcosa che fosse solo mio.

La mia passione per l’arte mi ha fatto venire l’idea giusta: un omino stilizzato con il fioretto in mano.

Prima delle amputazioni, ovviamente l’omino era in piedi perché tiravo in piedi.

Quando ho ricominciato a tirare dopo le amputazioni, per un periodo ho continuato a usare quello in piedi, ma poi mi sono detta: “Tiro in carrozzina? E anche l’omino deve essere in carrozzina”.

Così da quel momento vicino alla firma metto un omino stilizzato in carrozzina e, secondo me, è tanto più bello di prima perché non si capisce subito cos’è, sembra un ideogramma cinese o giapponese.

Dopo un po’ che lo usavo come firma, mia madre mi ha regalato il ciondolo fatto con lo stesso disegno e io non me lo sono più tolto, ce l’ho sempre al collo (proprio come prima avevo quello con l’omino in piedi che mi aveva regalato la mia madrina di battesimo Elena).

Tutto questo per dirvi cosa? Che per trovare la nostra passione a volte basta prestare attenzione alle persone che abbiamo vicino e a quello che fanno.

E se anche così non la trovate?

Sì, in effetti non è detto che le passioni delle persone che vi stanno intorno vadano bene anche per voi, però, pensateci: se prestate più attenzione agli altri, potreste… appassionarvi agli altri!

No, non dovete innamorarvi di tutti quelli che avete intorno. Dico solo che stare con gli altri, darsi da fare per gli altri, prestare loro attenzione è già una passione che vale sempre la pena di coltivare.

Per me, come vi ho già detto, resta uno dei fondamenti più importanti dello scoutismo, uno di quelli che non dimenticherò mai e che cercherò di trasmettere sempre a tutti.

Oltre a questa e a tutte le altre passioni che potete scoprire nella vostra vita, io vi consiglio tantissimo di appassionarvi a uno sport. E no, non guardandolo alla TV.

Fate sport e fatelo con passione.

Vi aiuterà a socializzare, a mettervi alla prova, a migliorarvi e a trovare altre passioni.

Dopo la malattia, io ho provato di tutto: wheelchair hockey, arrampicata, sci, atletica, tennis tavolo, tiro con l'arco, canoa, basket in carrozzina, ma sicuramente me ne sto dimenticando qualcuno.

I miei preferiti in assoluto, dopo la scherma ovviamente, sono sci e atletica perché mi piace un sacco la velocità.

Con l'atletica ho cominciato per una scommessa con Oscar Pistorius, il campione paralimpico sudafricano: se io avessi fatto una gara di atletica, lui sarebbe venuto a fare scherma.

Per sciare, invece, uso un guscio montato su uno sci e due racchette alle quali sono attaccati due piccoli sci. Ti siedi nel guscio e fili che è una meraviglia. È più difficile di quello per normodotati perché sei in equilibrio su uno sci solo ma, secondo me, è anche un sacco più divertente.

Quindi, non importa il modo, la cosa importante è che troviate la vostra passione.

E come fate a capire di averla trovata? Come fate a dire con sicurezza che quella cosa e non un'altra è la vostra passione? Ne siete sicurissimi perché vi divertite.

A tutti gli altri potrebbe sembrare una palla pazzesca, nessuno capisce cosa ci troviate di tanto bello, ma voi vi divertite e vi divertite un sacco.

Fare quella cosa vi fa sentire bene, vi viene facile, spontaneo anche quando è faticoso.

Per andare agli allenamenti della Nazionale di scherma io sapevo che dovevo avere una media alta a scuola e facevo fatica, mi impegnavo, ma ce la facevo e non mi pesava perché il divertimento di tirare di scherma valeva tutta la fatica.

E questo mi aiutava a divertirmi anche a scuola perché prendevo i voti come una sfida e le sfide sono un'altra mia grande passione.

Insomma, prima di stare male avevo scherma, scuola e scout.

Poi sono stata male e ho scoperto che posso provare tutto quello che voglio, tanto che cosa può succedermi?

Se va male, ho provato qualcosa di nuovo e finisce lì.

Se va bene, ho trovato qualcosa di nuovo a cui appassionarmi e con cui divertirmi.

E non vale solo per lo sport, ma per tutto quello che faccio.

Ho una mentalità molto più aperta di prima della malattia: ogni cosa è nuova, in un certo senso non ci sono più difficoltà perché se ho imparato a usare da capo le mani e le gambe, non ci può essere niente di più difficile.

E la cosa bella è riuscire a imparare qualcosa di nuovo ogni giorno. Che poi è quello che vi ho detto all'inizio:

teniamo occhi e orecchie aperti al mondo,
impariamo qualcosa di nuovo
dalla vita di tutti i giorni
e appassioniamoci alle cose nuove
che impariamo.

Le squadre che vi siete creati, i vostri sogni e la passione che mettete in ciò che fate vi porteranno a raggiungere i vostri obiettivi.

E sapete una cosa? Non sarà per nulla facile, ma questo renderà tutto ancora più appassionante.

IMPARA A CHIEDERE AIUTO

Ovvero di come non si debba mai aver paura di dire «Da solo non ce la faccio»

Ecco, arrivati a questo punto della storia, io non vorrei che vi foste fatti un'idea sbagliata.

È vero che fin qui molte delle cose che vi ho raccontato della mia vita sono strapositive e bellissime, soprattutto il fatto di essere sopravvissuta alla meningite (e pazienza per braccia e gambe) e di aver vinto due medaglie a Rio, però fermi un momento.

Io non sono super Bebe.

Sono solo Bebe, la ragazza fortunata che ha intorno delle squadre fantastiche che la aiutano e la sostengono.

Ve l'ho già detto, ma è una cosa che mi piace parecchio ripetere perché ci credo tantissimo:

da solo non sei nessuno.

Io, per esempio, chi sarei senza le mie squadre?

Senza la squadra Vio-Grandis non sarei la Bebe che sono. Senza le mie tre S, non sarei rinata dopo la malattia. Senza la mia squadra della scherma non avrei mai vinto quel meraviglioso Oro alle Paralimpiadi e nemmeno il Bronzo.

Quindi, se avete trovato la passione che vi ha acceso un sogno e ora state lavorando per farlo diventare un obiettivo, be', bravi! Mi avete ascoltato. Però, non dimenticatevi le squadre.

Non voglio raccontarvi balle: sulla strada verso l'obiettivo può capitare di trovare qualche ostacolo. Ma voglio anche dirvi che qualsiasi ostacolo ci troviamo di fronte, c'è sempre un modo per superarlo.

Io ne ho incontrati un po', ma la cosa stupenda è stata riuscire a superarli inventandosi tutte le volte un modo diverso per farlo.

Quando è stato possibile, ci sono riuscita impegnandomi tantissimo, come per la maturità. E quando il mio impegno da solo non è bastato, li ho superati chiedendo aiuto.

Per quanto chiari siano i nostri obiettivi, per quanto forte sia la passione che ci guida, può capitare che abbiamo bisogno di aiuto per raggiungerli.

Una delle volte in cui mi è successo è stato nel mese di febbraio del 2012.

Chiaro che non era la prima volta. Anzi, come vi ho detto prima, se ero arrivata al 2012, anche se con qualche pezzo in meno, era solo grazie alle mie squadre.

Però era la prima volta che mi capitava di chiedere aiuto anche a persone che non conoscevo.

Eh, sì, forse il sospetto lo avete avuto e io ve lo confermo: sono un tipo che si sceglie sempre grandi obiettivi.

Ma non è colpa mia, è colpa del gene dell'agonismo che ho ereditato da mio padre.

Agonismo e grandi obiettivi sono parenti stretti e con il gene di uno ho dovuto prendere pure quello degli altri.

Fatto sta che nel mese di febbraio del 2012 faccio un paio di conti, guardo un po' le medaglie messe da parte e mi accorgo che, sì, ho raggiunto ottimi risultati e ne sono felicissima (un Oro nei Campionati assoluti italiani, un Oro ai Mondiali Under 17 e un paio di argenti in due prove di Coppa del Mondo), ma con quelli alle Paralimpiadi di Londra a settembre non ci arrivo di sicuro. E in più, è vero che sono in Nazionale, ho ricevuto la mia prima convocazione a gennaio di quell'anno, ma sto per compiere quindici anni, sono troppo piccola per arrivare già al traguardo più desiderato da tutti gli atleti.

Quindi, tutto vero, tutto ragionevole: non ho abbastanza titoli per qualificarmi e, se anche li avessi, l'allenatore della Nazionale mi riteneva troppo giovane per andare alle Paralimpiadi.

Ma il punto è un altro: io a Londra volevo andarci a tutti i costi.

La prima cosa che ho fatto? Ho chiesto aiuto alle mie "solite" squadre: mi sono offerta come portaborracce dei miei compagni di Nazionale, come portafioretti di Valentina Vezzali e ho cominciato a spargere la voce fra gli amici: «Mi aiutate a trovare un modo per andare a Londra?».

Finché un giorno Claudio Arrigoni, uno di quelli che noi chiamiamo Bebologhi, ma soprattutto il più preparato giornalista italiano in materia di Paralimpiadi, telefona a papà.

In pratica, gli spiega, io a Londra potevo andarci come tedoforo, cioè la persona che porta la fiaccola olimpica, perché sul sito del Comitato Paralimpico Internazionale, l'IPC, ci si poteva candidare proprio come tedofori.

La cosa mi piaceva. Mi sembrava già di vedermi, con la mia bella fiaccoletta in mano, correre con la fiamma che svolazzava al vento (avevo appena cominciato a usare le lame da corsa ed ero parecchio carica).

«C'è anche un posto per la categoria Futuri Paralimpici» dice Claudio.

Cioè, uno dei posti da tedoforo sarebbe andato alla persona più segnalata via mail all'IPC come potenziale Futuro Atleta Paralimpico.

Okay, adesso mettiamo un attimo in pausa il fatto che portare la fiaccola come Futuro Atleta Paralimpico sarebbe stata una responsabilità bella grossa. Che ne sapevo io che da lì a quattro anni non avrei fatto schifo e non sarei mai arrivata a Rio?

Concentriamoci solo su queste due cose: il Comitato Paralimpico Internazionale e le segnalazioni.

C'era poco da fare: se volevo andare a Londra dovevo chiedere un aiuto molto più grande di qualsiasi altro avessi chiesto fino a quel momento.

Altrimenti che altra strada avevo per raccogliere una quantità sufficiente di segnalazioni a livello internazionale?

Quanto ci ho messo a capirlo? Poco, perché ci tenevo troppo e ogni minuto perso a farsi paranoie mentali era una possibile segnalazione persa.

Penso che, se vi rendete conto di aver bisogno di aiuto, dovreste fare come ho fatto io: non bisogna perdere tempo, ma chiederlo subito. Non c'è niente di male, ci risparmia un sacco di fatica e ci avvicina prima all'obiettivo.

L'aiuto di cui avevo bisogno era parecchio grosso, però.

Certo, le mie squadre erano tante:

– quella della mia famiglia, a partire da Mogliano fino ad arrivare a Roma passando per Milano e Torino;

– quella della Nazionale paralimpica, dalle mie compagne e i miei compagni agli allenatori, passando per i fisioterapisti, l'armiere, il fotografo Augusto Bizzi, ma anche Luca Pancalli, il presidente del Comitato Italiano Paralimpico;

– quella della scherma normodotati con Valentina Vezzali e tutti gli altri;

– quella degli amici di Mogliano e dei compagni di scuola;

– quella degli scout;

– quella degli amici dell'Isola d'Elba;

– quella degli amici di art4sport.

Ma di certo me ne sto dimenticando qualcuna.

Comunque, tutte le mie squadre potevano fare la loro parte e, fra tutte, sarebbe stata parecchia gente, ma quella era una cosa internazionale e chissà quanti atleti molto più conosciuti di me sarebbero stati segnalati. Io non ero proprio nessuno!

Serviva un aiuto davvero tanto grosso.

Allora cosa ho fatto?

Ho scritto: *Ciao, Mondo! Sono Bebe e sono una ragazza fortunata!*

Cominciava così la lettera che ho scritto e "spedito" il 29 febbraio 2012, nella quale raccontavo la mia storia, il colpo di fulmine con la scherma, la meningite, le amputazioni, il nuovo colpo di fulmine con la scherma in carrozzina e il mio sogno di andare alle Paralimpiadi di Londra a settembre di quell'anno.

Per farvela breve, Claudio l'ha pubblicata sui suoi blog sul sito della «Gazzetta dello Sport» e del «Corriere della Sera».

Il «Corriere della Sera» l'ha pubblicata anche sull'edizione cartacea, e così hanno fatto giornali veneti come «Il Gazzettino di Venezia» e «La Tribuna di Treviso».

Altri blog e altri giornali l'hanno ripresa, e l'hanno fatto anche altri blog e altri giornali, altri blog e altri giornali…

Insomma, all'IPC sono arrivate così tante segnalazioni che non ci credevano nemmeno loro.

Ci hanno scritto dicendo che era stata una cosa *overwhelming*, travolgente.

E anch'io facevo fatica a crederci, ma aveva funzionato!

Infatti, il 29 agosto 2012 ho portato la fiaccola paralimpica da Piccadilly Circus a Trafalgar Square con le mie lamette da corsa nuove e una squadra di bodyguard che cercava in tutti i modi di fermarmi, di non farmi correre perché era vietato, non potevo lasciare indietro il resto dello slot di tedofori (una super campionessa paralimpica in carrozzina, un cieco e due amputati di gamba), dov'è che volevo andare di corsa?

Ovviamente non sono riusciti a fermarmi, non del tutto, almeno. Ogni volta che un bodyguard si distraeva, io ripartivo alla grande con le lame da corsa. È stato fantastico!

Fino alle Paralimpiadi di Rio quello era stato il giorno più bello della mia vita.

Figo, fantastico, sì, ma abbiamo lasciato indietro la questione del Futuro Atleta Paralimpico.

Dopo la valanga di segnalazioni arrivate da parte di migliaia di persone che nemmeno mi conoscevano, mi veniva da dire grazie a tutti di continuo.

Chi se lo aspettava un aiuto così tanto grande?

Anzi, grazie anche a voi! Giusto nel caso che fra quelli che stanno leggendo questo libro ci sia qualcuno che mi aveva votato nel 2012 per fare il tedoforo.

Cos'è che dicevo? Ah, sì, mi veniva da dire grazie a tutti.

«Grazie della fiducia, spero di essere all'altezza

delle aspettative» rispondevo quando qualcuno me lo chiedeva.

In generale, le aspettative sono una bella cosa, ma certe volte quando te le senti sulle spalle un po' di strizza ti viene, o almeno a me viene, forse perché la prima che ha grandi aspettative su se stessa sono proprio io.

Però, io mi dico sempre che il fatto che gli altri abbiano fiducia in noi deve essere una spinta e non un motivo per restare bloccati o farci schiacciare dal peso delle loro aspettative.

Per dimostrarvi ancora di più quanto io sia convinta dell'importanza del chiedere aiuto, vi dirò che le mie richieste di aiuto per Londra non sono finite con la valanga *overwhelming* di mail, perché portare la fiaccola era stato il primo passo, ma a quel punto avevo bisogno di molte altre cose.

Prima di tutto, finito di portare la fiaccola dove andavo a dormire?

A casa della Briantea 84, una fantastica associazione di Cantù, in provincia di Como, fondata proprio nel 1984 da Alfredo Marson (un vero matto, ma con un cuore grande così!), e che da più di trent'anni promuove la pratica sportiva fra disabili fisici e disabili mentali.

Per tutto il tempo che sono stata a Londra, cioè due settimane, sono stata ospite in questa bella casa che avevano preso in affitto, insieme ai ragazzi dell'associazione, due cuochi, tre fotografi, un videomaker e Silvia, la colonna dell'organizzazione.

È stato stupendo perché mi sentivo davvero a casa e, in più, ho conosciuto meglio persone fantastiche che avevo frequentato poco e persone nuove.

Insomma, chiedere aiuto non è solo importante, ma è anche sorprendente perché ti porta a scoprire il lato più bello della gente.

E sempre durante le Paralimpiadi del 2012 ho avuto modo di sperimentarlo anche grazie a Sky.

Trovato il modo di andare a Londra e il posto in cui dormire, mi restava un altro grande problema: come tedoforo potevo fermarmi pochissimo, giusto un paio di giorni, e non avrei avuto accesso a tutte le gare, che ci tenevo tantissimo a vedere perché non avevo mai assistito a una Paralimpiade.

È stata Sky a risolvere la situazione chiedendomi di tenere il *Diario di Bebe*, una striscia quotidiana in cui "giocavo" a fare la giornalista e facevo vedere scorci della città, intervistavo personalità come il sindaco di Londra e raccontavo piccoli aneddoti sulle Paralimpiadi in corso. In quei giorni abbiamo anche girato alcune scene del docu-film *Il sogno di Bebe*, di Emanuela De Marchi.

Io ero solo una ragazzina con un sogno e anche loro mi hanno aiutata a realizzarlo.

Quindi, mi sento proprio di dire che un obiettivo raggiunto chiedendo aiuto vale di più, perché c'è dentro l'impegno di tante persone.

Non lo dico per dire, ma è tanto più bello poter dire: «Ce l'ho fatta» sapendo che ci sei riuscito perché hai saputo ammettere di aver bisogno degli altri. Ti metti in una prospettiva diversa, capisci ancora di più che non ci sono ostacoli insuperabili.

Sì, lo so, ci sono sempre le ipotesi peggiori, quelle in cui magari uno, nonostante l'aiuto, all'obiettivo non ci arriva lo stesso.

Secondo me, è impossibile, ma per un momento voglio essere la pessimista che non sono.

Okay, va bene, anzi, va male, vi aiutano, ma non raggiungete il vostro obiettivo. Non arrendetevi: cercate un'altra strada e tenete sempre pronto un piano B.

Il mio piano B per Londra erano le borracce della Nazionale paralimpica, che avrei custodito e portato personalmente ovunque i miei compagni di squadra ne avessero avuto bisogno, o i fioretti della Vale Vezzali, che avrei custodito e trasportato come fossero miei.

E lo avrei fatto davvero, su questo metteteci pure la mano sul fuoco (state attenti, però! Ehm… scusate).

E poi, giusto per confermare quello che vi ho detto all'inizio sul fatto che le cose facili non sono divertenti, vorrei aggiungere la questione della Chimica.

In pratica, se alla fine della scuola mi avessero dato Chimica da recuperare a settembre, io non avrei potuto portare proprio nessuna fiaccola.

«Come?» direte voi. «Dopo tutto quel casino, le segnalazioni, la Briantea 84, Sky e tutto il resto?»

Esattamente.

Diciamo che crescere con due genitori come i miei aiuta molto a restare sempre con i piedi per terra (va bene, non faccio la battuta) e ancora oggi, anche se ormai ho finito la scuola, non corro il rischio di montarmi la testa (sono terrorizzata all'idea di montarmi la testa).

Io ho sempre ben presenti i miei obiettivi. Anche mia madre e mio padre me li tengono davanti agli occhi, ma, come dire, da un diverso punto di vista.

E siccome è una cosa che a me fa molto bene, vi dico quello che mi dicono sempre i miei genitori:

ricordati sempre
chi sei, da dove vieni
e come sei arrivata fino a qui,
prima ancora di ciò che vuoi raggiungere.

Riguardo a Londra il loro ragionamento era semplice: tu sarai anche una futura paralimpica, ma dopo che hai fatto la paralimpica vorremmo che tu avessi comunque un lavoro con cui campare. Quindi, vedi di studiare perché, se prendi Chimica a settembre, Londra e la fiaccola te le scordi.

Chimica non l'ho presa, ovvio visto che a Londra ci sono andata, e ho fatto fatica a non prenderla.

Ma devo dire grazie anche a mia madre e mio padre perché quella corsa con la fiaccola, vietatissima e con i bodyguard attaccati che cercavano di fermarmi, me la sono goduta ancora di più perché sapevo di aver fatto il mio dovere per arrivare lì.

Perché chiedere aiuto è una cosa da imparare, ma è importante anche dare sempre tutto fino in fondo e non abbandonarsi sulle spalle degli altri.

Avete chiesto aiuto agli altri, non gli avete chiesto di fare le cose al vostro posto.

Non cercate giustificazioni: io sono stanco, io sono basso, io sono piccolo, io sto male, io sono infelice. Dite piuttosto: io sono stanco, mi aiuti?

Vi appoggiate e continuate a camminare.

E sapete qual è l'altra cosa che ho imparato chiedendo aiuto?

Che arriva sempre un momento in cui non sei più stanco e puoi ricominciare a camminare da solo, e sostenere tu qualcun altro.

FATTI DIRE CHE È IMPOSSIBILE

Di come un no possa farti scoprire che più una cosa è difficile e più è divertente

La prima volta che mi hanno detto: «No, Bebe. È impossibile» avevo due anni.

Le vacanze all'Isola d'Elba, quello che io definisco il nostro Paradiso, erano finite e mia madre preparava le valigie per il rientro a casa.

Quando è stato il momento di portarle al piano di sotto, io ho deciso che dovevo aiutarla, ne ho afferrata una e ho cominciato a trascinarla verso le scale.

La valigia ovviamente era almeno due volte più grande di me, anche perché dovete considerare che da piccola io ero davvero tanto piccola. Anche adesso non sono un gigante, figuratevi come potevo essere a due anni.

Mia madre mi guarda e dice: «No, Bebe. Non puoi portarla tu. È impossibile».

La mia risposta, come vi ho già accennato all'inizio del libro, è stata: «Io posso fare tutto quello che io voglio fare».

Ho preso la valigia e, provando a portarla giù per le scale, ho fatto uno dei capitomboli più spettacolari che mia madre ricordi.

L'altra cosa che ricorda e che dice sempre quando racconta questo episodio è il tono con cui ho detto quella frase, che non era da bambina capricciosa e pure un po' antipatica, ma da persona determinata. Da testona rompiballe strozzabile, insomma!

Quella frase e quell'atteggiamento hanno fatto la differenza nei momenti più difficili della nostra famiglia perché, nonostante tutto, hanno continuato a essere il mio modo di affrontare la vita.

E devo dire grazie a mia madre perché mi sopporta come sono, ma soprattutto perché lei e papà mi hanno sempre lasciata libera di fare le cose che volevo fare, quel giorno e tutti i giorni che sono venuti dopo, invece di mettermi sotto una campana di vetro, anche quando chiunque l'avrebbe fatto, e dirmi: «Non si fa perché ti fai male, io lo so».

Da allora a oggi, in pratica, non è cambiato molto, a parte il fatto che sono più alta: ogni volta che mi trovo davanti a un muro, comincio subito a cercare il modo per disintegrarlo.

Mamma dice che è per questo che la scherma è il mio sport, perché io vivo la vita da sempre come un assalto: parata e contro parata, finché non vado in bersaglio valido.

In effetti, quando qualcuno mi dice che una cosa è impossibile, per me scatta subito una sfida, devo dimostrare che "Impossibile" è un concetto che non esiste.

O meglio, so che nella vita può capitare a tutti di trovarsi davanti a qualcosa che sembra impossibile, e non parlo solo di rialzarsi dopo una malattia seria, ma di qualsiasi cosa possa sembrarvi irrealizzabile.

In qualsiasi caso, secondo me, il concetto di "Impossibile" va preso come uno stimolo ad arrivare al traguardo:

fatti dire che è impossibile
e dimostra a tutti che puoi farcela.

No, non vi sto invitando a fare un gestaccio poco elegante al resto del mondo, sia chiaro, non è questo lo spirito con cui la vivo.

Per me è una dimostrazione che ha a che fare prima di tutto con se stessi e la propria capacità di superare i propri limiti per raggiungere i propri obiettivi e realizzare i propri sogni.

Per esempio, dopo le amputazioni, i mesi di ospedale, le medicazioni e tutto il resto, quando le ferite hanno cominciato a chiudersi abbiamo finalmente potuto pensare alle protesi.

Così una mattina di inizio giugno del 2009, con mio padre siamo partiti per Budrio, il paese in provincia di Bologna dove si trova il Centro Protesi dell'INAIL, il posto dove mi hanno dato le mie prime braccia e gambe nuove e mi hanno insegnato a fare tutto da zero.

E quando dico tutto, intendo proprio tutto.

Forse voi non ci pensate mai perché le mani e i piedi ce li avete da quando siete nati (o almeno è così per quasi tutti) e, da quando avete imparato a "usarle", lo fate senza doverci riflettere. Vi lavate i denti, mangiate gli spaghetti, bevete un bicchier d'acqua, vi allacciate le scarpe, aprite la porta di casa, salite le scale, andate in bicicletta, camminate senza mai mettervi a pensare: "Adesso piego il ginocchio destro e alzo il piede, poi appoggio il piede destro e piego il ginocchio sinistro e così via".

Le persone amputate devono imparare da capo a vivere la vita di tutti i giorni, sono come bambini a cui va insegnato di nuovo a camminare mettendo un passo dietro l'altro, a salire le scale, a lavarsi i denti usando mani nuove di cui bisogna imparare il funzionamento.

È una vera figata! È così bella che è stato proprio a Budrio che abbiamo ricominciato ad avere una prospettiva, a pensare che ci sarebbe stato ancora un futuro.

Solo che, come mi è capitato spesso per le cose più stupende che ho fatto, anche imparare a vivere da capo richiede un sacco di tempo e un sacco di impegno. Pensate a quanto ci mette un bimbo piccolo a camminare per la prima volta, cercate di ricordarvi quanti anni avevate quando vi siete allacciati le scarpe da soli per la prima volta e poi immaginate di dover rifare tutto da capo da grandi con mani e piedi nuovi che dovete anche imparare a sentire come vostri.

Come vi dicevo, è stato difficile e impegnativo per me, ma è stato anche divertentissimo perché era una sfida continua: vediamo quanto ci metto a imparare ad aprire una finestra, quanto ce ne metto a stare in equilibrio sui piedi nuovi, quanto per imparare a lavarmi i denti, quanto per fare le scale.

Era divertente anche perché avevo un obiettivo ben chiaro in testa.

Una delle prime cose che ho detto ai tecnici del Centro INAIL è stata che io per Ferragosto volevo essere all'Elba.

Secondo i loro calcoli, però, avrei impiegato almeno sei mesi per la rieducazione complessiva. Quindi, mi hanno guardato e mi hanno risposto: «Siamo a giugno. Ferragosto è fra due mesi. È impossibile che tu possa farcela».

E anche finiti i mesi di rieducazione, ci sarebbero state comunque alcune cose che difficilmente avrei potuto fare di nuovo.

Una di quelle era aprire le porte.

Dicevano che con la protesi sarebbe stato impossibile per me girare una chiave nella toppa di una porta perché le protesi non hanno il polso, o meglio, ce l'hanno perché imitano in tutto e per tutto un braccio vero, ma è rigido, non si muove, e a far girare la chiave non sono le dita, ma è il polso (fateci caso la prossima volta che lo fate).

Be', dopo nove settimane la rieducazione era finita, all'Elba ci sono arrivata prima di Ferragosto e, in più, ho anche ricominciato tranquillamente a usare le chiavi di casa.

Adesso non fatevi l'idea che io ci sia riuscita perché la malattia mi ha messo alla prova ma per voi è diverso, perché sono le grandi prove dolorose della vita a dare la forza di superare certi ostacoli.

Balle! Ve l'ho detto e ripetuto: io ero così anche quando avevo due anni e non è stata la malattia a rendermi testarda, cocciuta, testona e tenace, ma al massimo è stato il contrario, cioè sono sopravvissuta perché ero (e sono) testarda, cocciuta, testona e tenace.

Testoni si nasce, insomma, ma lo si può anche diventare, e non bisogna avere una sfiga per riuscirci, basta capire che non bisogna lamentarsi per le boiate.

Lamentarsi è inutile e fa perdere solo un sacco di tempo. Il massimo che mi sento di giustificare sono le piccole lamentele di tutti i giorni, ma neanche tanto quelle perché, per dire, che cosa c'è da lamentarsi se piove? O se vi è spuntato un brufolo sulla punta del naso? Se piove, tornerà il sole; il brufolo come è arrivato se ne andrà.

Quindi basta, non sprechiamo energia con le lamentele e scegliamo di fare quello che vogliamo fare veramente.

Sembra difficile e ci sono giorni che lo è tantissimo, è inutile che stia qui a raccontarvi balle, ma la cosa importante è come la vivete.

Nel momento in cui si presenta l'ostacolo, il muro, nel momento in cui qualcuno vi dice: «È impossibile», voi dovete essere pronti a rispondere: «Invece io lo faccio perché è quello che voglio».

E se ancora vi dicono: «È impossibile», voi rispondete di nuovo: «Allora vuol proprio dire che io lo posso fare». Solo voi potete sapere cosa volete davvero, nessuno può dirvi se potete o non potete averlo.

È per questo che è importante avere le idee chiare sulle vostre passioni, su che cosa vi fa davvero battere il cuore, dimenticare la fatica, passare il sonno e la fame, su che cosa vi fa davvero pensare: "Che figata!".

Dopo la rieducazione, quando ho deciso che avrei ricominciato a tirare di scherma la prima cosa che mi hanno detto è stato, indovinate?, «È impossibile».

Tra l'altro, me l'hanno detto per motivi reali, concreti. Per tirare di scherma, infatti, servono quattro cose: tre dita (pollice, indice, medio che stringono il fioretto) e il polso.

Io non ci avevo neanche mai pensato che servivano quelle quattro cose, sarà perché ho imparato da piccolissima a tenere in mano un fioretto e mi veniva naturale, era parte di me, tiravo di scherma come respiravo, era il cuore a fare tutto.

Nel momento in cui ti amputano fin sotto il gomito è ovvio che qualcuno ti dirà che non puoi fare scherma. Puoi fare un qualsiasi altro sport, ma non scherma.

Come è finita lo sapete.

Tutto questo per dirvi che ci vuole un sacco di forza di volontà per raggiungere gli obiettivi che ci siamo scelti con passione, figuratevi per raggiungere quelli che ci impongono gli altri o, peggio ancora, quelli su cui abbiamo ripiegato non per scelta, ma perché qualcuno ci ha detto che ciò che volevamo era impossibile per noi.

A me, per farvi un altro esempio, stava succedendo qualcosa di simile con la scuola superiore.

Una mia grande passione, come vi ho raccontato, è sempre stata l'arte ed è per questo che ho sempre sognato di fare una scuola che avesse a che fare con la creatività e il disegno.

Dalla prima media ho cominciato a dire che volevo iscrivermi all'indirizzo di Arte grafica e comunicazione dell'Istituto tecnico tecnologico San Marco a Mestre (quello in cui mi sono diplomata nel 2016).

Era perfetto per me: il disegno e l'arte erano fondamentali, la scuola super moderna e super tecnologica, che per me è una cosa stupenda perché io adoro la tecnologia. Insomma, era proprio la scuola che mi piaceva, quella che volevo fare.

Solo che quando i miei genitori e io ci presentiamo alla preside, Claudia Cellini, per parlare dell'iscrizione, lei ci riceve, mi lascia parlare e poi comincia a dire che quella scuola non le sembra il posto adatto a me, perché bisognava disegnare e usare il computer.

«Ma fare un bel liceo?» mi dice.

Quale liceo? Io volevo fare la scuola di Arte grafica e comunicazione, in cui si usava il computer, si disegnava e si facevano tutte le cose che mi appassionavano.

Quindi, ho detto no. Non ho mollato e alla fine il muro è venuto giù, la mia preside ha imparato a conoscermi (era solo la paura di una persona tanto "diversa" da quelle a cui era abituata che la spaventava) e io sono riuscita a iscrivermi alla scuola che volevo.

Come vi ho raccontato, mi sono diplomata poco più di un mese prima delle Paralimpiadi di Rio.

In effetti, anche per diplomarmi ho dovuto fare i conti con un attacco incrociato di "Impossibile".

Infatti, a distanza di pochissimo avrei dovuto affrontare la maturità e le Paralimpiadi di Rio. Questo significava che nello stesso anno avrei dovuto studiare per arrivare bene alla maturità e allenarmi per arrivare bene a Rio, tenuto conto che c'erano anche le qualificazioni da fare.

Così, i prof. dicevano che era impossibile che io potessi andare a "divertirmi", cioè fare la preparazione per Rio e le gare di qualificazione, e nello stesso tempo studiare e avere buoni voti per la maturità.

Gli allenatori dicevano che era impossibile (di nuovo!) che io potessi prepararmi bene per Rio e affrontare al meglio le gare di qualificazione, se nello stesso tempo dovevo pensare a studiare e avere buoni voti per la maturità. In più i miei avevano messo questa regola, che c'è sempre stata da quando ho cominciato ad andare a scuola, secondo la quale io potevo andare a fare le gare solo se avevo una media alta. Quindi, dovevo studiare per forza per poi andare a fare le gare.

Giusto per la maturità, poi, mi sono praticamente auto-aggiunta l'obiettivo di prendere almeno 75 come voto finale, cioè il minimo richiesto per accedere alla facoltà di Comunicazione a cui mi sarebbe piaciuto iscrivermi.

Per Londra c'era stata la Chimica e per Rio il voto di maturità. Mi sembra giusto, no?

Era un po' come se tutti volessero tutto: a scuola i prof. volevano che io studiassi e basta, in palestra gli allenatori volevano che mi allenassi e basta, e sembrava impossibile mettere in comunicazione i prof. con gli allenatori e far capire a tutti che non potevo fare né solo una cosa né solo l'altra.

In più, quando gli allenamenti hanno cominciato a diventare davvero impegnativi, nel senso che mi portavano via molto più tempo, i professori mi hanno detto: «Perché non lasci perdere e ti diplomi l'anno prossimo?».

Ragazzi, che casino!

Tra la fine del 2015 e l'inizio del 2016, ero davvero arrabbiata perché mi sembrava che nessuno cercasse di capirmi, di capire come mi sentivo e quante cose stavo facendo per riuscire a stare dietro a tutto.

La mia fortuna è stata quella di fare una scuola che mi piaceva tanto e uno sport che è il più stupendo del mondo.

Così mi sono detta che era finito il tempo di lamentarsi: tutti mi dicevano che era impossibile conciliare scuola e scherma e che avrei dovuto per forza fare una scelta e rinunciare a qualcosa? Io gli avrei dimostrato che non era vero, potevo farcela e senza rinunciare a niente perché rinunciare alle proprie passioni ti fa partire già sconfitto.

Sì, sconfitta, mi sarei sentita proprio così se avessi rinunciato a uno dei due obiettivi che dovevo raggiungere. Finire la scuola e non partire per Rio sarebbe stato tristissimo, da depressione totale, ma anche vincere le due medaglie di Rio non avrebbe avuto lo stesso sapore sapendo che avevo rinunciato a prendere la maturità.

Per questo non mi stancherò mai di ripeterlo: lottate per quello in cui credete, per quello che vi appassiona, e se vi dicono che è impossibile, rispondete: «Fatemi provare!».

Farete fatica, ci saranno giorni in cui vi sentirete uno schifo ma, quando ce la farete, vi renderete conto che non esiste niente di impossibile quando al posto della paura si mette la passione.

Mettetevi in gioco e non mollate mai.

Se, come me, siete così per carattere, sarà più semplice, altrimenti posso assicurarvi che è solo questione di allenamento: se resistete al primo "Impossibile", con quelli dopo sarà sempre più facile e più divertente mettervi alla prova e scoprire che potete farcela.

Ed è anche una questione di semplice organizzazione, fidatevi.

Se ho superato la maturità con 83 e portato a casa due medaglie da Rio non è perché sono un'extraterrestre, ma solo perché ho saputo organizzarmi e sfruttare tutto il tempo che avevo a disposizione in una giornata, senza paura di stancarmi e senza lamentarmi.

C'era da allenarsi la mattina presto? Mi allenavo la mattina presto.

C'era da studiare di notte? Studiavo di notte, perché quelle erano le uniche ore che avevo a disposizione.

Volevo fare tutto e farlo bene.

Non dico che sia stato facile, ma è stata davvero solo una questione di organizzazione e voglia di fare.

Non cercatevi scuse, alibi, «Io sono stanco», «Io lavoro». Fatelo e basta.

Anche perché se cominciate a farlo vi renderete conto che è meno difficile di quello che sembra. Dovete solo seguire la vostra passione e lasciarvi guidare da lei. Se volete una cosa, c'è solo un modo per averla: organizzatevi e date il massimo per raggiungerla.

Quindi, scrollatevi di dosso la pigrizia, fissatevi bene in mente i vostri obiettivi e organizzatevi.

Ed è proprio in quei momenti, quando lottate per incastrare tutti i pezzi che servono per arrivare all'obiettivo, che scoprirete quanto sono fondamentali le squadre che vi stanno intorno: non dimenticatele mai.

Voi dovete dare tutto quello che avete e impegnarvi al massimo, ma senza il sostegno delle vostre squadre non andate da nessuna parte, credetemi.

E poi, la mia fissazione, la cosa che ripeto sempre a me stessa: anche se l'ostacolo è superato e ho dimostrato che non era impossibile, questo non mi dà il diritto di montarmi la testa.

Ve l'ho detto, io non sopporto la gente che si monta la testa e cerco di stare molto attenta a non farlo. Voglio restare la Bebe di due anni che era determinata, non antipatica e capricciosa. Non mi sopporterei da sola!

Non ho motivi per montarmi la testa, non ho fatto niente di particolare. Sono solo una ragazza fortunata, e anche determinata, lo ammetto. Ed è grazie a questa combinazione che sono riuscita a superare uno degli ultimi «È impossibile» che mi hanno detto: quello di Barack Obama, il presidente degli Stati Uniti d'America.

La storia del selfie con Obama è stata assurda fin dall'inizio, da quando ero ancora in Italia.

Tutto comincia la mattina di giovedì 13 ottobre 2016, quando mio padre riceve una mail che dice più o meno: «Sono lieto di anticiparle che, in occasione della visita del presidente del Consiglio dei ministri Matteo Renzi a Washington, il presidente degli Stati Uniti d'America, Barack Obama, avrà il piacere di invitarla al pranzo di gala alla Casa Bianca che si terrà martedì 18 ottobre». Poi continua con una richiesta di conferma e invio dei documenti necessari all'ingresso negli USA e si chiude con la firma "Ufficio del Cerimoniale di Stato".

Ovviamente mio padre pensa subito che sia uno scherzo. Ma, per sicurezza, prende la mail, la gira a mia madre e la chiama dicendole: «Che cos'è secondo te?». E mia madre risponde: «Ovviamente è uno scherzo».

D'altronde non riescono a immaginare nessun'altra ipotesi credibile. Deve essere per forza così. Perché? Perché il testo è troppo semplice e lineare.

In realtà, né mio padre né mia madre avevano la minima idea di come potesse essere una mail in cui ti invitano a una cena con il presidente degli Stati Uniti insieme al presidente del Consiglio italiano, ma di certo se la immaginavano molto più formale, con dei loghi ufficiali, delle firme, delle cose che in quella mail non c'erano proprio per niente, a parte la firma "Ufficio del Cerimoniale di Stato" e sotto un numero di telefono di Roma.

Quindi, non solo è chiaramente uno scherzo, ma i miei sanno anche chi è stato ad architettarlo: il nostro vecchio amico di famiglia Maurizio Stocchi.

Quando mio padre cerca on-line, scopre che ci sarà davvero una cena alla Casa Bianca proprio nella data specificata nella mail, cioè martedì 18 ottobre, e sarà dedicata al presidente del Consiglio Matteo Renzi. E allora pensa: "Guarda che bravo Maurizio! Ha controllato anche gli impegni del presidente del Consiglio. Si è impegnato per organizzarlo proprio bene 'sto scherzo".

Insomma, non ci sono dubbi: è certamente lui l'autore della mail.

A quel punto mio padre si decide e chiama il numero di Roma.

Dall'altra parte rispondono subito e papà, contro tutte le regole della logica (aveva chiamato lui!) domanda con chi sta parlando.

La risposta è: «Questo è l'Ufficio del Cerimoniale di Stato».

Sempre più stupito della bravura di Maurizio, mio padre ormai è deciso a stare al gioco, vuole vedere fin dove arriverà questa storia. Così, continua la conversazione chiedendo dettagli e scopre che la partenza è fissata per il lunedì successivo.

E lì la bravura di Maurizio è stata messa un po' in dubbio: la mail mandata giovedì per partire lunedì suonava un po' come una cosa fatta all'ultimo secondo. Lo scherzo, in fondo, non era fatto così bene, però ci stava.

Anche il ritorno creava qualche problema perché era previsto per mercoledì a metà mattinata, ma noi avevamo fissato un impegno alle 11 sul lago di Garda.

Quindi, sempre convinto di essere dentro uno scherzo di Stocchi, parte la richiesta di mio padre di farmi rientrare in Italia in tempo per rispettare un impegno preso prima di questa "importantissima" cena.

«Perché, sa» spiega al tipo al telefono, «la nostra regola è che un impegno non si buca per nessuna ragione al mondo, neanche per andare da Obama».

La cosa è complicata, ma mio padre si impunta e alla fine si accordano perché lui mandi via mail i documenti necessari per la mia partenza, intanto il tipo dell'Ufficio del Cerimoniale cercherà una soluzione per il volo di rientro.

Papà si mette al computer, scrive, manda i documenti che gli hanno chiesto e poi mette un PS in fondo alla mail: «Tutto ciò è molto bello ma, se fosse uno scherzo, sarebbe uno dei più belli che ci abbiano mai fatto. Complimenti fin d'ora!».

Dopo pochissimo, squilla il telefono, mio padre risponde e si sente dire: «Buongiorno, signor Vio. Sono il segretario personale di Matteo Renzi. Molto simpatica questa cosa dello scherzo, qui stanno ridendo tutti. Ma, guardi che non è uno scherzo».

A quel punto l'unico dubbio che è venuto a mio padre è stato sull'indirizzo mail a cui aveva scritto perché era proprio come quelli ufficiali, con tanto di @governo.it o qualcosa del genere.

E lì Maurizio ha recuperato i punti persi con le tempistiche troppo strette perché per arrivare a fare una mail del genere, ha pensato mio padre, uno deve essersi proprio impegnato tanto per far venire bene lo scherzo.

La conferma di questo grosso impegno gli è arrivata quando il segretario personale di Renzi gli ha detto che il problema del rientro era risolto: «Il premier ha un importante incontro a Bruxelles, quindi deve rientrare presto anche lui. Organizzeremo in modo che Bebe rientri sullo stesso volo di Stato».

Mio padre faceva fatica a trattenere le risate! Intanto pensava: "Ma pensa te che bravi questi con 'sto scherzo. Mi chiamano per dirmi che può tornare anche presto con l'aereo di Stato!".

Ormai la cosa era troppo divertente per fermarsi, così si va, si fissa tutto, il volo per me e mia madre, il ritorno presto, tutto concordato.

Papà saluta il segretario, chiama mia madre e decidono insieme di raccontarmi tutta la storia.

Tenete conto che nel frattempo si è fatto giovedì pomeriggio.

Comunque, mio padre mi gira la mail e a me quasi viene un colpo: una cena di Stato con Obama! Che figata!

Lo scrivo a papà e lui mi dice: «Bebe, guarda che è uno scherzo» e mi spiega la sua teoria.

Io non volevo crederci, ero troppo convinta che fosse vero, ma anche mio padre non aveva tutti i torti. La mail era davvero molto semplice, il preavviso molto breve, era tutto troppo assurdo.

Ma se non era uno scherzo?

A forza di ripeterlo, convinco anche lui che bisogna trovare un modo di chiarire la situazione.

«E se scrivessi ad Agnese?» gli dico. (Agnese Landini, la moglie di Renzi)

«Scrivile» mi risponde lui, «ma vedrai che si farà una risata».

Allora scrivo ad Agnese, spiegandole della mail e chiedendole: «È uno scherzo?».

E lei mi risponde subito: «Bebe, non sei su *Scherzi a parte*. Prepara la valigia e mettici un vestito strafigo perché sarai insieme a noi a rappresentare l'Italia alla cena di Stato alla Casa Bianca».

E io le ho risposto: «Se lo dici tu, allora ci credo. Che onore pazzesco! Adesso ci concentriamo sugli abiti. Saremo elegantissime tutte e tre (ho aggiunto anche mamma)».

È stata una botta pazzesca!

Verificato che era tutto vero e non sarebbe comparso il cartello con la scritta: SEI SU *SCHERZI A PARTE*!, come avevo detto ad Agnese, è partito il trip mentale sul "Che cosa mi metto?".

Di sicuro le gambe col tacco! Ma per il resto?

Mi sono sentita come in un film, anzi come in un sogno, quando la mitica Maria Grazia Chiuri, il direttore creativo di Dior, mi ha detto che mi avrebbero prestato loro l'abito. Quando l'ho indossato e mi sono guardata allo specchio mi sono sentita elegantissima. Non potevo credere che tutto quello stesse succedendo proprio a me.

Alla Casa Bianca è stato tutto ancora più assurdo.

La prima cosa assurda, e che non so se succederà mai più nella mia vita, è che sono rimasta senza parole.

Alla cerimonia di apertura dell'evento, la prima volta che abbiamo incontrato Obama e gli ho stretto la mano sono rimasta completamente in silenzio e anche mia madre, che mi ha accompagnato in questo sogno, non è che sia stata proprio brillantissima.

Il piano di fare il selfie c'era fin dall'inizio (ne ho una lunga collezione), per la precisione da quando, pochissimo prima della partenza per Washington, ero stata a *Chiamate Roma Triuno Triuno* e il Trio Medusa mi aveva lanciato la sfida: vediamo se riesci a farti un selfie con Obama.

Quindi, a quel primo incontro, avevo detto a mia madre: «Quando si ferma vicino a me, mi raccomando, facci la foto».

Ma niente: anche lei lì a bocca aperta. Giuro che c'è una nostra foto ridicolissima dove siamo proprio così, tutte e due a bocca aperta.

Vi assicuro che né io né mia madre siamo i tipi che rimangono senza parole, ma Obama ha un fascino davvero pazzesco. Quando me lo sono trovato davanti, ho sentito proprio il "peso" della sua personalità, a prescindere dal fatto che fosse il presidente degli Stati Uniti.

La seconda volta che l'ho visto, ero pronta allo scatto, ma i bodyguard mi hanno tolto il telefono.

La terza volta è stata alla cena.

Intanto, per tornare alla lista delle cose assurde che mi sono successe durante quel viaggio, c'è stata la passeggiata dall'hotel alla Casa Bianca: io in versione "Cenerentola al ballo" che camminavo con mia madre insieme a questo gruppetto di persone super eleganti, chiacchierando come se fossimo vecchi amici.

Peccato che i "vecchi amici" fossero personaggi come il regista Paolo Sorrentino, il regista e attore Roberto Benigni con la moglie Nicoletta Braschi, lo stilista Giorgio Armani (che è davvero troppo simpatico), ma anche Fabiola Gianotti, la direttrice del CERN di Ginevra, e Paola Antonelli, la curatrice del Dipartimento di design e architettura del MoMa di New York, oltre a Giusi Nicolini, allora sindaco di Lampedusa, e Raffaele Cantone, presidente dell'Anticorruzione.

Una squadra di otto persone scelte per rappresentare l'Italia dell'arte, della cultura, della scienza, dell'impegno.

Io ero super onorata di essere lì con tutti loro, ma anche di essere lì a rappresentare le donne italiane in compagnia di tre donne impegnatissime, molto ma molto più importanti di me.

Ed ero super onorata di essere lì a rappresentare lo sport italiano. Io, un'atleta paralimpica, chiamata in rappresentanza di tutto lo sport italiano, sia quello dei normodotati sia quello dei disabili. Una cosa stupenda!

Ma non perché hanno chiamato me, no. Avrebbero potuto chiamare Alex Zanardi o la campionessa mondiale di atletica Martina Caironi, è stato solo un caso che ci fossi io.

La cosa stupenda è che questa scelta fa capire quanto lo sport paralimpico stia assumendo sempre più importanza nel nostro Paese. E per tutti quelli che, come noi nel nostro piccolo, si impegnano in ogni modo per diffonderlo il più possibile e migliorare la vita di chi ha una disabilità è un traguardo pazzesco.

Ma che cosa vi stavo raccontando? Ah, sì! La passeggiata con i "vecchi amici".

Passeggiando in compagnia di tutti quei personaggi pazzeschi arriviamo alla Casa Bianca e andiamo nella zona che si chiama South Lawn, dove avevano montato un gigantesco tendone bianco per la cena.

I tavoli erano bellissimi, apparecchiati con argenteria e cristalli. C'erano più o meno quattrocento persone, tutti super eleganti, tutti super seri, ma io a quel punto avevo bene in mente solo una cosa: il selfie con Obama.

Quello era il mio primo pensiero, ma intanto mi gustavo la cena, anche perché lo chef era uno dei più famosi degli USA, Mario Batali, e cucinava piatti che univano la tradizione italiana con quella degli indiani d'America. E tutte le verdure venivano dall'orto di Michelle Obama!

Ma non perdiamo il filo: io ero lì per un selfie.

Quindi, a un certo punto della cena ho detto: «Basta, adesso vado».

Prima di alzarmi e colpire, dovevo studiare il campo di battaglia, così sono andata in bagno.

Andare in bagno era un modo perfetto per vedere la reazione che avevano gli altri quando ti muovevi.

Mi sono alzata guardandomi intorno e mi sono diretta verso il bagno che, però, giustamente era dalla parte opposta rispetto a Obama. Ho studiato la posizione del presidente e il giro che avrei dovuto fare per arrivarci, ma mi sono accorta che i camerieri controllavano ogni mio passo e sono tornata a sedermi.

Sono rimasta al nostro tavolo un po' a mangiare e chiacchierare, ma intanto cercavo di caricarmi e dicevo a mia madre: «Adesso vado, ce la faccio», e un attimo dopo: «No, no, mamma! Cosa sto facendo? Non posso andare da Obama!». Allora era lei che mi caricava: «No, vai è il momento!».

Alla fine ho deciso che sì, il momento era arrivato.

Mi alzo con il telefono in mano. Peccato che il telefono era nero e praticamente più grosso di me, quindi sparava che era un piacere con il bianco del vestito e non c'era neanche modo di nasconderlo. Dove lo nascondevo?!

No, dovevo solo fingere indifferenza.

Allora ho puntato Obama, tipo come quando punto il giubbetto dell'avversaria perché so che è lì che devo arrivare e nessuno potrà fermarmi finché non avrò sentito il *bip* del segnapunti.

Sono partita a testa bassa e sono andata spedita verso di lui.

Tutti i camerieri che c'erano quella sera non erano veri camerieri, ma erano uomini tipo servizi segreti che si occupavano della sicurezza del Presidente.

Quindi, appena ho cominciato ad avvicinarmi, tutti quelli che erano sulla strada tra me e lui hanno mollato quello che avevano in mano e si sono avvicinati lentamente, pronti a placcarmi qualsiasi cosa fosse successa.

Quelli attorno a Obama, invece, hanno fatto qualche passo avanti, si sono messi a semicerchio come si vede nei film e in pratica l'hanno circondato.

Ovviamente io non mi sono accorta di niente, mi ha raccontato tutto mia madre quando sono tornata al tavolo.

Non li ho proprio visti, ne ho scansato uno dicendo qualcosa tipo: «Mi scusi, posso?», mi sono fatta largo e ho continuato per la mia strada, bella decisa.

Ma quando ho realizzato davvero verso chi stavo andando, ho detto: «Aspetta un attimo, che cosa sto facendo?», e ho cominciato a rallentare un po' il passo.

La mia fortuna è stata che mi ha visto Agnese (sempre la moglie di Renzi).

Rallento, lei mi vede e mi fa cenno di andare verso di loro, che erano seduti proprio di fronte agli Obama.

Sono ripartita bella cattiva e sono andata da lei.

Obama stava parlando con John Elkann, così ho aspettato che finisse il discorso.

A quel punto, lui si gira e mi guarda: «Ehi, Bebe!».

Io sono rimasta scioccata: Obama mi aveva riconosciuta!

Alla presentazione ufficiale ero in fila con quasi quattrocento persone. Più di un'ora in coda con tutti gli invitati della cena per una stretta di mano super veloce e due parole, ma lui mi aveva riconosciuta. Non ci potevo credere! È stata un'emozione pazzesca.

Da lì abbiamo cominciato a parlare, mi ha chiesto come stava andando la cena, come mi trovavo, se era tutto a posto. Una cosa fighissima star lì a parlare con Obama, eh, però il discorso si stava spegnendo in fretta e io non potevo perdere la mia occasione.

Allora lo guardo e gli dico: «Senti, io da qui non posso andarmene senza un selfie».

Si è messo a ridere con questa risata molto americana e mi ha detto che il protocollo non lo prevedeva, una risposta che già da sola sarebbe bastata per insistere, ma poi ha aggiunto: «Scusa, ma è impossibile».

E io ho risposto: «Sorry, Mr President, but I don't understand the word Impossible».

A quel punto si è messo a ridere di nuovo e mi ha detto: «Va bene, passami il telefono, facciamo finta che sia mio, ma non facciamoci vedere».

Io gli ho passato il telefono, lui lo teneva basso sotto il tavolo e io mi son messa dietro di lui.

Obama lo sblocca, ma ovviamente parte la fotocamera posteriore.

Allora gli dico: «Gira la fotocamera».

E lui va con il pollice in alto, ma il pulsante per girarla è in basso, c'era appena stato l'aggiornamento, quindi mi sembrava giusto dirglielo perché lui non mi pareva il tipo che si fa i selfie spesso, vista la storia del protocollo.

Allora gli dico: «No, guarda che il pulsante è in basso!».

«Guarda che non sono vecchio, lo so usare un iPhone» mi ha risposto.

Be', in effetti lui non lo stava dimostrando un granché di non essere vecchio e ho paura che dalla mia faccia si sia pure capito quello che stavo pensando (io sono una che non riesce a "nascondere" molto le facce).

Però, lui mi ha guardato e siamo scoppiati a ridere! Nel selfie stiamo ancora ridendo proprio per questa mia uscita. Alla fine, mi sono rimessa alle sue spalle e lui ha scattato la foto.

Se non fosse che ce l'ho sul telefono e ogni tanto me la guardo, non ci crederei nemmeno io.

Alla fine, se ci penso, questa cosa del selfie può anche sembrare sciocca, ma è proprio il riassunto perfetto di quello che ho cercato di dirvi fino a qui: la vita a volte è un po' così, sembra che tutto cerchi di bloccarti in ogni maniera, sta a te scegliere se permetterglielo. Perché

se sembra impossibile,

allora si può fare.

HO PAURA, E ALLORA?

Del perché la paura non conti niente quando si sa come affrontarla

«Non mi interessa. È da disabili!».

Ecco cosa ho risposto la prima volta che mi hanno parlato della possibilità di fare scherma in carrozzina.

Era sempre l'estate di cui vi parlavo prima, quella del 2009, e io ero sempre al Centro Protesi di Budrio a imparare a usare le gambe e le braccia nuove.

La proposta della scherma in carrozzina me l'aveva fatta Melissa Milani del CIP, il Comitato Italiano Paralimpico, che veniva a Budrio per far conoscere alle persone amputate lo sport per disabili.

Una missione che solo una tenace come lei poteva portare avanti.

Stiamo parlando di una donna che, oltre a essere presidente del CIP Emilia Romagna e docente universitaria, ha alle spalle una carriera da allenatrice di *goalball* (una specie di pallamano per ciechi) e una medaglia olimpica con la squadra che ha portato alle Paralimpiadi di Barcellona del 1992, quando era giovanissima.

Insomma, una che di sport paralimpico ne sa e ne sa parecchio.

Io, invece, quando ci siamo conosciute non ne avevo mai nemmeno sentito parlare.

In pratica, succede che conosco Melissa e le racconto della scherma, di come sono felice dei progressi che faccio con le gambe nuove, presto starò in piedi benissimo, poi si penserà a come farmi tenere in mano un fioretto, ma è solo questione di tempo e potrò ricominciare a tirare.

Oltre a essere tenace e super competente in materia di sport paralimpico, Melissa è anche una persona dolcissima, una donna straordinaria con una sensibilità pazzesca. Quindi, a sentirmi raccontare tutta la mia storia, si entusiasma per il mio entusiasmo, vede la mia voglia pazzesca di tornare in pedana e mi propone la scherma in carrozzina.

E io, non contenta di averle detto che non mi interessa perché è da disabili, aggiungo anche: «Datemi le gambe e vedrete!», giusto per ribadire che non voglio averci niente a che fare con carrozzine e robe del genere, che io starò di nuovo in piedi a fare affondi e parate come ho sempre fatto. Punto e basta.

Okay, congelate questa Bebe che guarda Melissa e le dice queste due cose.

Adesso vi spiego la differenza che c'è fra la scherma in piedi e quella in carrozzina.

Come vi ho spiegato all'inizio del libro, le regole che riguardano gli assalti sono praticamente identiche.

La differenza sta nella pedana.

Quella della scherma in piedi è lunga quattordici

metri e alle due estremità ha il rullo, a cui è attaccato il cavo elettrificato che collega fioretto e giubbetto al segnapunti. Gli schermidori si muovono avanzando o indietreggiando sulla pedana a seconda che stiano attaccando o difendendo.

La pedana della scherma in carrozzina, invece, non ha particolari misure.

Le carrozzine si fissano ciascuna su una pedana, e tra una pedana e l'altra c'è una barra regolabile che serve per variare la distanza fra le due.

Questa distanza si stabilisce usando la regola dell'interno del gomito. In pratica, gli schermidori si siedono in carrozzina uno di fianco all'altro. Lo schermidore più alto piega il braccio armato ad angolo retto rispetto al corpo, mentre quello più basso tende l'arma fino ad arrivare con la punta alla piega interna del gomito dell'avversario.

A quella distanza si fissano le pedane e, quindi, le carrozzine, e non si muovono più. Così, per tutto l'assalto tu resti bloccato sempre nello stesso punto, sia che tu stia attaccando sia che tu stia difendendo.

Adesso torniamo indietro e scongeliamo quella Bebe che ha detto a Melissa Milani che la scherma in carrozzina è da disabili, che devono solo ridarle le gambe e vedranno che cosa farà di nuovo con un fioretto.

Eccola lì, quella dodicenne ingenua!

Nella sua testa è davvero convinta di rimettersi a tirare in piedi, anche se non si può perché le caviglie delle protesi delle gambe non si piegano, quindi è tecnicamente impossibile fare gli affondi senza piegare le caviglie.

Ed è anche convinta che sia un caso se Melissa ha organizzato, proprio di venerdì pomeriggio e proprio mentre lei sta tornando verso Mogliano Veneto, una gita alla palestra della scherma Zinella di San Lazzaro, vicino a Bologna.

Per farvela breve, visto che ormai c'ero mi sono lasciata convincere, specificando ovviamente che provavo giusto per provare, ma non significava che avrei fatto scherma in carrozzina.

Nella mia testa, ho anche pensato che alla fine poteva essere un'esperienza utile per riprendere a tirare, che per una drogata di scherma come me era già un sogno, e arrivare più preparata al momento in cui sarei tornata a gareggiare in piedi.

Peccato che non avessi fatto i conti con due cose:

1. appena ho avuto di nuovo in mano un fioretto è scoppiato il secondo colpo di fulmine con la scherma;
2. ho scoperto molto presto la differenza fra la scherma in piedi e quella in carrozzina.

Nella prima, quando sei messo male e non sai che pesci prendere, puoi scappare a fondo pedana.

Nella seconda, non puoi scappare da nessuna parte neanche quando vorresti, resti lì inchiodato alla tua carrozzina nel punto esatto in cui ti hanno bloccato e basta.

È difficile difendersi, puoi solo attaccare e a me piace attaccare!

Per questo amo la scherma paralimpica di più di quella in piedi, perché non posso scappare, ma solo affrontare la mia paura.

La paura che mi viene seduta davanti alla mia avversaria è stupenda, mi dà una carica assurda e mi fa capire ancora di più quanto voglio assolutamente vincere.

Non vi è mai successo? Non ci credo.

Pensate a tutte le volte che dovete fare una cosa a cui tenete molto, quella paura lì che vi prende proprio forte è perché a quella cosa tenete davvero, ce l'avete davvero nel cuore.

Per questo la paura è una figata. Dobbiamo guardarla in faccia senza indietreggiare perché ci dice che stiamo lottando per una cosa che amiamo e che vogliamo e possiamo raggiungere.

Non importa quale sia la prova da affrontare, l'ostacolo da superare.

Può essere una gara, un esame, un colloquio di lavoro, un imprevisto che non avevamo considerato, ma se ci spaventa, se ci fa paura, vuol dire che vogliamo davvero quella medaglia, vogliamo superare quell'esame, avere quel lavoro, andare oltre quell'imprevisto, perché subito oltre c'è il nostro sogno, il nostro obiettivo.

Non vorrei, però, che di nuovo qualcuno pensasse che io mi senta super Bebe o cose del genere. Assolutamente no. Anzi, è proprio il contrario.

Per me la paura è sempre un'opportunità, un modo

di caricarmi proprio perché di paura ne ho avuta e ne ho sempre per tanti motivi diversi.

Ho avuto paura quando sono stata male e quando mi hanno amputato. Ho avuto paura di non farcela quando ho dovuto mettere insieme scuola e allenamenti prima di Rio. Ho paura tutte le volte, nessuna esclusa, che salgo in pedana.

Tutti abbiamo paura e non credete a quelle cose tipo che se hai paura sei debole o scemenze del genere.

Il punto è che la paura non deve bloccarci.

Dopo la meningite e le amputazioni, se la mia famiglia e io ci fossimo lasciati bloccare, adesso probabilmente passerei la maggior parte delle mie giornate chiusa in casa con il terrore di quello che potrebbe capitarmi uscendo.

Invece, proprio per vincere la paura e riprenderci la nostra vita tutta intera, in uno dei primi fine settimana dopo i 104 giorni di ospedale sono andata a un'uscita scout, tanto non poteva succedermi niente di peggio di quello che mi era successo fin lì.

Poi, ho ricominciato a tirare di scherma perché volevo a tutti i costi tornare alla mia vita, ai miei sogni e ai miei divertimenti, e chi se ne importava se a separarci c'erano le famose tre dita, un polso e una paura pazzesca che forse non ce l'avrei fatta, che forse non sarebbe mai più stata la stessa cosa di prima.

Risolvere il problema delle tre dita e del polso è stato impegnativo, ma la fantastica squadra dei tecnici dell'Arte Ortopedica, cioè il centro ortopedico di

Budrio dove sono andata dopo aver lasciato l'INAIL e in cui si sono inventati le mie protesi "speciali" (comprese quelle con i tacchi), e papà si sono messi insieme e hanno progettato la protesi su cui innesto il fioretto.

Per la paura, è stato più complicato perché ho sempre avuto accanto le mie squadre, ma dovevo affrontarla da sola.

Lì bloccata sulla pedana, con l'avversario davanti, senza la possibilità di scappare, non hai molta scelta: o le prendi o le dai.

E io ho deciso di darle perché è l'unica cosa che posso fare se voglio vincere, senza lasciare spazio alla paura.

La vita non è molto diversa, se ci pensate.

Vi siete trovati una passione, avete un obiettivo da raggiungere, lo volete proprio tantissimo, però a un certo punto vi prende la paura, perché l'obiettivo è troppo lontano e la strada è ancora lunga, oppure perché è troppo vicino e sapete che basta un errore per giocarvi tutto, oppure perché vi siete trovati davanti un imprevisto che non sapete come affrontare.

Non rinunciate all'obiettivo per la paura, ma fate della paura la vostra forza.

È il 2011 e io sono pronta per il mio primo Mondiale Under 17 di scherma in carrozzina.

Ero gasatissima! Non solo avrei fatto la mia prima gara internazionale, ma in più, siccome la gara era in programma dopo la fine della scuola, avevamo deciso che i Vio-Grandis avrebbero fatto la loro prima trasferta internazionale di famiglia.

Quindi, siamo partiti tutti e cinque per Varsavia (in macchina, per essere precisi). Abbiamo fatto una specie di vacanza e ci siamo fermati anche una notte a Vienna. Insomma, avevamo organizzato un vero “evento di famiglia”!

Ero felicissima della vacanza e del fatto che i miei genitori, Nico e Sole venissero a fare il tifo per me. Non esisteva un modo migliore per affrontare quella gara.

Nonostante le soste della nostra vacanza-evento, il viaggio è stato lunghetto, ma siamo arrivati a destinazione belli contenti e bella contenta me ne sono andata con mio padre e il mio allenatore di allora, Fabio Giovannini, a fare la visita di classificazione.

Questa visita si fa alla prima gara nazionale e alla prima internazionale per stabilire la categoria di appartenenza dello schermidore. Vi ricordate? Ve l’ho spiegato all’inizio del libro.

Nel mio caso, siccome non ho più braccia e gambe, all’inizio mi avevano messo in categoria C, ma io ho chiesto di essere spostata in categoria B perché non trovavo giusto gareggiare contro persone con disabilità gravi come la mia ma più lente di me, non mi piaceva per niente l’idea di vincere con troppa facilità.

Io sono una super competitiva, mangio pane e agonismo a colazione e, quando mi trovo davanti la mia avversaria, l’unica cosa che voglio è vincere. Non me ne frega di nient’altro, voglio solo e soltanto la vittoria, ma non riuscirei mai a essere felice se sapessi, che ne so, di aver vinto con un punto fatto alzando le chiappe dalla carrozzina (come vi ho detto, il regolamento lo vieta, anche se non usa proprio la parola "chiappe"). Figuriamoci se sapessi di aver vinto con facilità perché la mia avversaria ha una disabilità grave quanto la mia, ma è più lenta di me.

Insomma, l'obiettivo è fondamentale, bisogna fare tutto quello che si può per raggiungerlo, ma non bisogna mai farlo diventare più importante della nostra onestà.

Fatichiamo, sudiamo, scortichiamoci le ginocchia, abbattiamo muri, scontriamoci con gente che non ci capisce, che non crede in noi, che non ci ascolta, ma dobbiamo essere sempre onesti perché altrimenti anche il nostro obiettivo perderà di senso.

Insomma, va bene i sogni, gli obiettivi e tutto il resto, ma non sono il tipo da incitare al risultato a ogni costo.

L'importante è vincere,
ma vincere onestamente.

Quindi, siccome puoi chiedere di salire di categoria (ma non di scendere), io sono stata contenta di passare dalla categoria C alla B.

Di solito, nelle gare internazionali ti assegnano la stessa categoria che hai in quelle nazionali, anche perché ovviamente la tua disabilità non cambia se gareggi nel tuo Paese o in un Paese straniero.

Perciò io sono arrivata alla visita di classificazione tranquilla e la visita in effetti è andata come ci aspettavamo, cioè i giudici mi hanno dato una categoria C, io – stupendo tutti – ho chiesto di essere spostata in B e loro mi hanno accordato lo spostamento.

C'era solo questo dettaglio: il regolamento vieta l'uso delle protesi, quindi in gara dovevo togliere le gambe.

«Lo sapevamo e quindi non c'è problema!» dico io.

Il problema, invece, c'è stato quando la commissione ha aggiunto che avrei dovuto togliere anche la protesi del braccio destro.

Io sono mancina, quindi il mio braccio armato è il sinistro, ma il destro mi serviva lo stesso per tenermi al maniglione della carrozzina, che si monta apposta per permettere allo schermidore di rialzarsi più velocemente dopo l'affondo.

Senza il braccio destro e senza potermi tenere al maniglione, con lo slancio dell'affondo il risultato poteva essere solo uno: mi sarei cappottata cadendo dalla carrozzina.

Spieghiamo alla commissione che non posso gareggiare senza la protesi del braccio destro, tutti gli atleti usano il braccio non armato per rialzarsi dopo l'affondo. Io non ho nemmeno gli addominali abbastanza sviluppati per rialzarmi facendo forza su quelli. In pratica, senza braccio destro non riesco a rialzarmi e, quindi, mi ribalto di sicuro.

La commissione è stata irremovibile: niente protesi, a parte il braccio armato.

Quella sera non solo ho avuto paura, ma ho pianto,

una cosa che non mi succedeva da quando facevo le medicazioni ai monconi.

Riassumendo: avevo quattordici anni, ero alla mia prima gara internazionale, mi ero allenata un anno utilizzando le protesi per tenermi al maniglione per arrivare pronta a quel momento, tutta la mia famiglia era venuta a Varsavia con me per sostenermi e il risultato era che mi sarei cappottata a faccia in giù dalla carrozzina al primo assalto.

Immaginatevi la fifa che avevo, ma non per l'idea che mi sarei fatta male, a quello non pensavo nemmeno.

Avevo paura di buttare tutto all'aria, di sprecare tutti gli sforzi che avevamo fatto fino a quel momento, di arrivare davanti al pubblico della gara il giorno dopo e fare la figuraccia più grande della mia vita.

Piangere mi pareva il minimo, quindi ho pianto, gridato, mi sono disperata e poi sono crollata addormentata. La mattina dopo, a mente lucida, ho preso la paura e l'ho usata per caricarmi.

C'era un ostacolo imprevisto che mi faceva venire una fifa pazzesca? Dovevo solo prendere tutta l'energia che usavo per avere paura e usarla per trovare una soluzione.

Perché è sempre così che funziona:

se c'è un ostacolo
vuol dire che c'è una soluzione.

La mia è stata affidarmi al coltellino svizzero di papà e al consiglio del mio allenatore.

Quello che ci serviva era qualcosa che mi aiutasse a rialzarmi al posto del braccio destro.

Confesso che io ho proposto di farmi "scoccettare" al braccio una bottiglia d'acqua da un litro e mezzo per fare da contrappeso, ma mio padre ha avuto un'idea meno folle: bloccare la gamba destra alla carrozzina in modo che quella diventasse il nuovo perno su cui fare forza.

Così, ha tagliato il portafioretto a metà con il coltellino, ci abbiamo avvolto intorno un asciugamano e lo abbiamo attaccato con lo scotch alla carrozzina e, poi, alla mia gamba destra. In quel modo, dopo ogni affondo, potevo fare forza sulla gamba e rialzarmi.

Fabio, invece, trenta minuti prima della gara, mi ha spiegato come avrei dovuto cambiare modo di tirare per adattarmi alla nuova situazione.

A Varsavia è stata una gara pazzesca, iniziata male e poi migliorata assalto dopo assalto fino ad arrivare incredibilmente a vincere. E ho vinto anche grazie alla paura. Sembra strano da dire, ma è quella la cosa che mi permette di vincere perché, come vi ho già detto, se non hai paura, vuol dire che stai sottovalutando l'avversario e questo può essere pericoloso.

La cosa assurda è che sempre a Varsavia, ma il 14 luglio 2016, me ne sono "dimenticata" e ci sono cascata in pieno: non ho avuto abbastanza paura.

Sì, proprio io, quella che ha appena finito di dirvi che dovete avere paura, che avere paura fa bene, che vi aiuta a concentrarvi, eccetera eccetera.

Avevo finito da pochi giorni la maturità e finalmente potevo mettere la testa solo su Rio che si avvicinava.

Arrivo alla gara di Coppa del Mondo di Varsavia concentrata, ma anche sicura di poter far bene.

Infatti, parto benissimo. Supero i gironi bene, poi sconfiggo la polacca Jadwiga Pacek 15 a 3, l'ungherese Gyongyi Dani (una delle mie avversarie storiche) 15 a 10 e in semifinale batto la bielorussa Makrytsakaya 15 a 7.

Con questi risultati come potevo perdere in finale? Ormai ero sicura che avrei stabilito un nuovo record: vincere tutte le prove di Coppa del Mondo per il secondo anno consecutivo.

Invece, sono arrivata in finale con una delle russe più temibili: Victoria Boykova e ho perso 15 a 13.

Era dagli Europei di Strasburgo 2014 che avevo vinto tutte le gare a cui avevo partecipato, compresi i Mondiali a Budapest nel 2015 e gli Europei a Casale Monferrato nel 2016. Perdere è stata una botta pazzesca, anche perché quella era l'ultima gara prima delle Paralimpiadi.

Sì, ho vinto un Argento, è vero, ma l'Argento per una malata di agonismo come me non è una vittoria.

Non la prendo mai molto bene quando perdo perché mi arrabbio moltissimo con me stessa. Se non ho avuto particolari problemi fisici, io so che è solo colpa mia se ho mancato l'obiettivo.

Perché ho fatto di testa mia, perché non ho ascoltato il mio allenatore, perché ho sottovalutato la mia avversaria.

Ma anche nelle sconfitte bisogna trovare una spinta positiva.

Così mi sono fermata, ho smesso di domandarmi perché le cose erano andate come erano andate e ho accettato il fatto che nella vita capita anche di arrivare secondi (ma spero che non mi capiti troppo spesso). Ho capito che è importante accettare le sconfitte perché so che ripartendo da quelle darò ancora di più.

Devo allenarmi di più e soprattutto meglio perché, come dice il mio amico Demetrio Albertini (grande campione e persona stupenda): «Nessuno conosce la regola per vincere con certezza, ma di sicuro tutti sappiamo come si perde con certezza: non allenandosi abbastanza, senza la giusta costanza».

Qualcuno di voi magari si starà dicendo: "Io non ho il tuo stesso carattere, mi sento fragile. E non solo ho paura, ma se fallisco mi butto ancora più giù".

Se vi sentite troppo fragili e troppo spaventati, non rinunciate a cercarvi una passione, un sogno e un obiettivo, ma andate verso il vostro obiettivo a piccoli passi e affrontate le vostre paure un pezzetto alla volta perché piano piano potete lasciarvele alle spalle.

Non importa quanto ci mettete, l'importante è arrivare al traguardo.

Tutti abbiamo qualcosa che non ci sentiamo all'altezza di fare, tutti abbiamo paura, ma la cosa importante è che tutti possiamo superarla.

Provateci almeno e vi assicuro che scoprirete di essere meno fragili di quello che pensate.

Corollario: non capisci? Domanda!

Secondo me, se chiedete in giro per Mogliano qualcuno si ricorda ancora delle boccacce di mia madre.

No, mia madre non è una pazza maleducata.

Dietro alle sue boccacce c'è una storia che mi è venuta in mente perché riguarda sempre la paura.

Quando sono uscita dall'ospedale, non ero messa benissimo.

Non avevo più le braccia e le gambe, avevo ferite aperte su tutto il corpo, faccia compresa, e ovviamente potevo girare solo spinta su una carrozzina.

Questo non ci impediva di andare fin dove arrivava la carrozzina, comprese le partite di calcio di Nico, il cinema o il centro commerciale.

Il fatto è che io, come dire, non passavo inosservata. Anzi, c'era gente che mi fissava come se fossi un extraterrestre.

È stato a quel punto che mia madre ha cominciato con le boccacce. E funzionavano!

Smettevano tutti di fissarci immediatamente e si giravano dall'altra parte con aria imbarazzata.

A parte gli scherzi, le boccacce funzionavano e mi facevano molto ridere, ma non erano una soluzione.

Anche perché la gente non ha smesso di fissarmi nemmeno quando le ferite hanno cominciato a chiudersi e io ho avuto di nuovo le braccia e le gambe.

Essere fissata mi fa arrabbiare? Sarei bugiarda se dicessi di no, ma capisco che le persone guardano me e le mie protesi in un certo modo, e alcune mi trattano anche in un certo modo, solo perché hanno paura. Tutti abbiamo paura delle cose che non conosciamo e la disabilità non solo è una cosa sconosciuta, ma è anche una cosa di cui si ha paura di parlare.

A nessuno viene in mente di andare da uno che non ha più una mano o che è in carrozzina e domandargli: «Che cosa ti è successo?».

O meglio, a nessun adulto viene in mente di fare una cosa del genere.

Partono subito le paranoie del tipo: «Non si fa», «Che figuraccia», «Non è il caso», «È una cosa da maleducati», «È poco delicato».

Vi assicuro che è molto meno delicato fissare una persona come un marziano e trattarlo come se fosse una cosa strana da prendere con le pinzette.

Quando capisco che qualcuno ha paura della mia diversità, sapete che cosa faccio? Mi sfilo un braccio, glielo metto in mano e gli spiego come funziona.

All'inizio magari quello non la prende benissimo, ma poi è fantastico veder sparire la paura dalle facce.

La gente si rilassa, si può parlare, si può essere di nuovo alla pari, due esseri umani e non un normodotato e una persona con una disabilità.

A me è successo, come vi ho raccontato, a scuola con la mia preside.

Vi ricordate? Mi ha consigliato di iscrivermi al liceo perché secondo lei senza le braccia non potevo usare il computer per disegnare. Era chiaro che aveva paura, che non aveva mai visto qualcuno senza braccia e senza gambe e non aveva idea di come trattarlo.

Infatti, subito dopo aver parlato con la preside della mia scuola media, ha capito che non c'era niente di cui aver paura, e ha anche toccato le mie mani.

Sembra una cosa sciocca, ma è importante: toccare una paura è il modo migliore per superarla.

Questa regola vale con qualsiasi cosa non conosciamo e ci spaventa solo perché non la conosciamo.

Bisogna fare come fanno i bambini: domandare spiegazioni.

È per questo che li adoro, perché non si fanno problemi e trasformano la paura in curiosità, ti vengono vicino e domandano.

A questo proposito, proprio l'altro giorno, mentre giravo per Milano, mi è successa una cosa carina. La premessa è che recentemente mi sono fatta i capelli biondo platino! Mentre camminavo per la strada ho incontrato una famigliola che mi ha riconosciuta. Mi sono fermata a chiacchierarci un po' poi ci siamo salutati. È a quel punto che ho sentito il bambino che diceva ai suoi: «Oltre alle braccia e alle gambe, ha anche i capelli tinti!».

I disabili non sono cose strane, sono solo persone a cui manca qualche pezzo, o che non hanno difficoltà a muoversi o hanno una disabilità sensoriale.

A chi non manca qualcosa? L'unica differenza è che per un disabile la mancanza è evidente, per gli altri magari meno. Un esempio? Se siete miopi e usate gli occhiali, in fondo anche voi avete una mancanza ma non siete considerati disabili.

Pensateci.

TROVA IL TUO SUPEREROE

Perché, se qualcuno ha avuto il tuo stesso problema, magari ha già una soluzione

L'estate del 2009 ha rischiato di passare alla storia della famiglia Vio-Grandis come quella del carcere all'Isola d'Elba.

Dopo la malattia, le amputazioni, i giorni di ospedale, i due mesi al Centro Protesi di Budrio e le medicazioni da fare tutti i giorni, mia madre e mio padre avevano molti dubbi sulla nostra tradizionale vacanza all'Isola d'Elba.

Io tendo sempre a sdrammatizzare quel periodo ma, in effetti, dal punto di vista dei miei genitori la situazione non era semplicissima: io avevo ancora le ferite aperte e, quindi, dovevo fare le medicazioni e stare attenta a tutto quello che poteva essere a "rischio infezione". In più, non potevo prendere il sole e nemmeno tenere le protesi tutto il giorno (le gambe ho cominciato a tenerle addosso tutto il giorno dopo circa un paio di anni dalle amputazioni). Tutte cose che avrebbero reso molto difficile e faticosa la vita da mare che siamo abituati a fare all'Elba.

Insomma, i miei avevano paura.

Ma non quella paura buona che ti carica di adrenalina e ti aiuta ad aumentare la concentrazione, no. In questo caso era una paura negativa, di quelle che ti bloccano e ti fanno vedere tutto nero.

Se siete madri o padri, riuscite a capire come si sentivano, ma anche se non lo siete avete in mente quel genere di paura perché può capitare a chiunque di averla nella vita e per motivi diversi.

Che cosa si può fare quando succede?

Quello che hanno fatto i miei genitori: si può chiedere aiuto alle nostre squadre per trovare la forza di affrontarla.

Sì, lo so, ve l'ho già detto, ma ve lo ripeto: appoggiarsi alle proprie squadre è la cosa più importante da fare.

E non solo quando abbiamo un obiettivo da raggiungere, ma anche quando la paura ci prende e ci blocca. Non importa se sia una paura legata all'obiettivo o non c'entri niente con quello.

La cosa importante è chiedere aiuto senza farci paranoie mentali perché

non c'è niente di sbagliato nell'ammettere di avere paura.

I miei, quindi, hanno chiamato i nostri amici dell'Elba, una squadra enorme e sparsa per tutta l'Italia e l'Europa, fatta di persone con vite diverse ed esperienze diverse, che alla fine li hanno convinti dell'importanza di quella vacanza per riprenderci la nostra vita tutta intera.

Così, siamo partiti.

Nel piccolo paese in cui abbiamo la casa siamo tutti abituati a uscire al mattino in costume da bagno e a tornarci alla sera, dopo essere stati a nuotare, giocare a qualsiasi cosa si possa giocare in spiaggia, organizzare aperitivi e pizzate, mangiare le *crêpes* più buone dell'isola, pranzare a casa di un amico, cenare a casa di un altro e fare l'alba in spiaggia.

Ma quell'estate io sono stata in carcere: potevo uscire solo dopo le sette di sera, quando il sole era molto meno caldo, e solo con una protezione solare tipo duemila.

Per il resto del tempo sono sopravvissuta grazie a tutti i miei amici della squadra dell'Elba.

Mi hanno accolto con una festa, sono stati con me in casa a fare i compiti e a giocare a carte, ascoltare musica, chiacchierare, fare puzzle, disegnare e tutto quello che mi aiutava a stare lontano dal mare in un posto in cui il mare è praticamente il paradiso. E poi, sono stati con me in spiaggia in quel poco tempo in cui potevo starci e hanno girato a tutta velocità con me per il paese con la mitica Fitzz, la mia carrozzina elettrica con cui ho potuto dare un sacco di passaggi (ci siamo saliti anche in otto!).

Quando siamo partiti da Mogliano si era parlato di restare all'Elba una settimana, ma alla fine ci siamo fermati un mese.

Un mese che rischiava di passare alla storia solo

come un mese di carcere, ve l'ho detto, ma che invece è stato quello decisivo per la nostra felicità.

Mia madre e mio padre dicono sempre che all'Elba per la prima volta abbiamo avuto la conferma che avremmo potuto farcela davvero come famiglia, che avremmo riavuto indietro la nostra vita.

Tanto è vero che lì per la prima volta ci siamo detti: «Perché non condividere con gli altri tutto quello che ci è successo?».

Nel «tutto quello che ci è successo» rientrava il percorso successivo alla meningite e alle amputazioni, che era stato ed era ancora difficile, anche a livello di "coordinamento medico": c'erano tanti specialisti da far parlare fra di loro, tante indicazioni di cui tenere conto, tantissime cose da fare per completare il processo di guarigione dal punto di vista fisico.

Ma ci rientrava anche l'effetto che aveva fatto a me e, di conseguenza, alla mia famiglia il fatto di tornare a tirare di scherma.

Se io potevo farcela, se io potevo ricominciare a vivere, perché non aiutare qualcun altro a fare la stessa cosa? La mia "rinascita" era così evidente che non potevamo tenercelo per noi.

Aiutare gli altri è stata la risposta migliore alla domanda: perché è successo tutto questo? E perché proprio a noi?

E non è che ci sentissimo supereroi, ma proprio il contrario: la vita ci aveva dato una botta pazzesca, ci stavamo risollevando faticosamente, ma ci stavamo risollevando.

Quindi, volevamo dire a tutti: «Se ce la stiamo facendo noi, potete farcela anche voi».

Pensate a quante volte vi siete trovati davanti a un problema, a una prova, a un momento di grande difficoltà e pensate a quanto sarebbe stato bello se qualcuno, vicino o lontano, di una vostra squadra o no, vi avesse detto: «Mi è successa la stessa identica cosa. Quanto sono stato male! Ma guardami, sono qui. Ce l'ho fatta!».

Ecco, anche nella paura peggiore bisogna guardarsi sempre intorno: non si può mai sapere da dove arriverà una mano in aiuto.

Fidatevi, io di mani me ne intendo! (Okay, scusate, è che certe battute mi escono da sole...)

Quindi, come vi dicevo, non ci sentivamo supereroi. Anzi, i supereroi li abbiamo incontrati quando abbiamo trovato il modo di condividere la nostra esperienza.

In un certo senso, il modo ce lo ha suggerito la scherma (è lo sport più stupendo del mondo, non ce n'è).

Per ricominciare a tirare, infatti, io avevo bisogno di una protesi speciale e, come vi ho detto, a questo stavano lavorando i tecnici del laboratorio dell'Arte Ortopedica insieme a mio padre.

Poi, avevo bisogno della carrozzina da scherma e della pedana per la carrozzina.

Sapete quanto costa una pedana da scherma? Fra i tre e i settemila euro a seconda del modello.

È chiaro che una società sportiva di uno sport considerato "minore" come la scherma non può sempre permettersela, così come è chiaro che nemmeno una famiglia può sempre permettersi di comprare la carrozzina e tutto il resto, figuriamoci la pedana.

Già, perché sono le famiglie a doversi fare carico di queste spese.

Lo Stato, infatti, non paga le protesi sportive né alcun genere di attrezzatura sportiva per persone con disabilità perché l'idea è che un ragazzo disabile non sia in grado di fare sport, non importa quale sia la sua disabilità.

Ma al di là dell'impegno economico, che comunque pesa su un bilancio familiare, ci sono famiglie che non sanno nemmeno che il figlio con disabilità può fare sport e stare meglio facendo sport.

Ecco perché è nata art4sport, l'associazione creata da mia madre (che è il presidente, quella che comanda, per capirci) e mio padre (che è, diciamo, l'aiutante dell'associazione) insieme ai nonni e a un gruppetto di amici storici di Mogliano.

Nel nome art4sport sono unite le mie due passioni: arte e sport.

Il logo attuale, come vi ho già detto, l'ho disegnato con il mio prof. di grafica, e oltre a quello ho disegnato bigliettini d'auguri, magliette e un sacco di altre cose, cioè il mio contributo per raccogliere fondi.

Fondi che ci servivano e ci servono (andate sul sito www.art4sport.org e trovate tutti i nostri gadget!) per aiutare altri bambini senza braccia o senza gambe come me a fare sport dandogli protesi, carrozzine, stampelle e tutte le attrezzature che servono.

Non è che i disabili in carrozzina, per dire, non li vogliamo perché siamo "razzisti". La scelta è stata fatta semplicemente perché i miei genitori conoscono bene questo ambito per ovvi motivi e perché non esisteva niente di simile in questo settore.

Quali sport possono fare i ragazzi senza arto? Ditene uno e tendenzialmente ne esiste una versione per chi non ha braccia o gambe.

Nell'art4sport team si praticano calcio, nuoto, snowboard, tiro con l'arco, atletica, basket, sci, taekwondo, scherma, canoa, pattinaggio, equitazione e anche danza classica e danza moderna.

Quindi, come vi raccontavo, a settembre 2009 nasce l'associazione e noi siamo gasatissimi.

Ci dicevamo: «Abbiamo creato questa cosa bellissima. Ora raccoglieremo dei fondi e avremo la coda di bambini pronti a divertirsi».

Peccato che non è arrivato nessuno.

Eravamo io, mia madre e mio padre.

Una roba imbarazzante. Che cosa era successo? Perché non funzionava?

Ovviamente non ci siamo lasciati abbattere, un po' perché avevamo passato cose ben peggiori, ma soprattutto perché credevamo molto nella nostra idea e sapevamo che avrebbe potuto aiutare davvero tantissimi ragazzi come me.

In quel periodo ho imparato una cosa che penso sia utile per tutti di fronte a un fallimento, e cioè che è inutile scoraggiarsi. Meglio ammettere di aver mancato l'obiettivo: sarà più facile capire perché e correggere il tiro.

Il problema, per noi, è stato chiaro abbastanza in fretta: come fanno le persone a sapere che esiste l'associazione? E, prima ancora, come fanno a sapere che esiste lo sport paralimpico?

Purtroppo c'è tanta ignoranza in materia, lo abbiamo sperimentato sulla nostra pelle, ma ignoranza nel vero senso della parola: le persone non conoscono.

Non conoscono lo sport paralimpico, non sanno che una persona senza gambe può correre o nuotare.

La gente pensa: "Se non hai la cosa che ti serve per correre, come fai a correre?".

Ti bastano un paio di protesi.

Inizi, ci provi, vedi che ti diverti, riparti con lo sport e rinasci completamente.

Non per niente l'*headline* della nostra associazione è: «Lo sport come terapia, noi ci crediamo».

Capito qual era il problema, quello che ci serviva era fare più comunicazione.

Così abbiamo cominciato a cercare contatti con il mondo dello sport paralimpico.

Siamo andati a eventi, conferenze, incontri per conoscere meglio questo mondo in cui cominciavamo a muoverci e per trovare un modo di raggiungere più persone possibili.

È stato così che ho conosciuto quelli che sono diventati i miei esempi, atleti incredibili che mi hanno dimostrato con le loro vite che potevo farcela davvero, che non dovevo rinunciare al mio sogno e al mio obiettivo solo perché non avevo più le braccia e le gambe.

Uno dei primi che ho incontrato è stato Oscar Pistorius alla Venice Marathon, la prima uscita pubblica di art4sport. Poi ci sono stati gli incontri con miti come l'Iron Man Alex Zanardi, Martina Caironi e Francesca Porcellato, la campionessa di atletica, sci di fondo e handbike. In modi diversi, tutti loro mi hanno dato una carica pazzesca e mi hanno fatto capire una cosa fondamentale: la vita che stavo ricominciando a vivere non era più quella di prima, ma non per questo sarebbe stata meno bella e felice.

Ricominciare da capo dopo una battuta d'arresto non è mai semplice e non parlo solo di chi deve affrontare una malattia, parlo in generale. Qualsiasi dolore, prova o problema possa aver bloccato in qualche modo la vostra vita è probabile che l'abbia anche cambiata in maniera più o meno profonda.

Non fatevi abbattere dal cambiamento.

Cambiare può essere traumatico,
ma è stupendo.
Dà la possibilità di ricominciare,
di provare cose nuove
e costruire una nuova felicità.

Quando ho capito questa cosa, mi sono convinta ancora di più che dovevamo proprio dare a tutti questo messaggio e cercare di tirare fuori di casa un sacco di bambini e ragazzi disabili.

Così abbiamo cominciato a fare incontri nelle scuole, tantissimi incontri nelle scuole, e a cercare di fare interviste, di partecipare e organizzare iniziative di ogni genere, raccontare in più occasioni possibili quanto è stupendo lo sport paralimpico e quanto fa bene.

Ci siamo fatti un fondoschiena così, finché non hanno cominciato ad arrivare i ragazzi.

Il primo è stato Davide di Roma, poi è arrivato Emanuele, e poi è arrivata Veronica.

Davide ha perso una gamba in un incidente e dopo avrebbe voluto tornare a giocare a calcio, ma poi ha scoperto il basket in carrozzina ed è diventato fortissimo, tanto che ha partecipato agli Europei 2014 con la Nazionale Under 22. Alla fine sono arrivati terzi e lui ha vinto il premio come Miglior Giocatore nella finale per il Bronzo.

Con Veronica siamo particolarmente legate perché abbiamo un carattere molto simile, oltre a essere sopravvissute tutte e due alla meningite. Lei è andata con lo snowboard alle Paralimpiadi invernali di Sochi 2014, invece con la canoa nel 2015 ha vinto tre gare di Coppa del Mondo e gli Europei, e nel 2016 è venuta alle Paralimpiadi di Rio classificandosi sesta assoluta.

Emanuele ha due anni meno di me, l'ho conosciuto al Centro Protesi di Budrio. Lui era lì per avere una nuova gamba destra (hanno dovuto amputargliela quando era piccolo).

Gli ho fatto talmente una testa così con la scherma che alla fine ha detto: «Mamma, portami a fare scherma perché almeno Bebe la smette».

Abbiamo iniziato insieme con i primi allenamenti alla Zinella Scherma, dove lui si allena ancora adesso. Solo che all'inizio lui non parlava con nessuno, stava nascosto dietro i suoi genitori perché si vergognava di non avere la gamba.

Quando ha iniziato ad appassionarsi alla scherma è cambiato tutto.

Perché lo sport paralimpico ti fa cambiare completamente come persona, ti fa rinascere, ti riporta nella normalità del gruppo, ti riporta alla normalità di poterti cambiare nello spogliatoio con gli altri ragazzi.

All'inizio è un po' strano perché dici: «Devo spogliarmi, devo fare la doccia davanti a una persona che ha tutti i pezzi, chissà come mi guarderà».

Alla fine capisci che non te ne frega niente né di non avere un pezzo, né del fatto che gli altri ti guardino (dopo che ti hanno guardato una volta, due, tre, smettono per forza perché non sei più interessante): tu vuoi fare sport ed è solo quello che conta.

A quel punto, staccarti le gambe per sederti in carrozzina a tirare diventa normale, anzi non vedi l'ora di togliertele, sederti e cominciare a tirare e provare le emozioni fortissime che provi solo seduto lì.

Emanuele è andato a Rio, qualificandosi con la squadra e, grazie a questo, ha potuto anche partecipare alle gare individuali, facendo ottimi risultati, considerato anche che era lo schermidore più giovane in assoluto fra tutti quelli in gara. E la gamba, che era la ragione per cui non parlava con la gente, adesso è diventata una scusa per conquistare le ragazze. E vi assicuro che ha molto successo…

Un'altra storia simile, cioè di uno che da quando fa sport conquista molte più ragazze, è quella di Marco, che prima dell'amputazione della gamba era un promettente giocatore di hockey su rotelle, e che dopo ha cominciato a fare atletica e ora è un saltatore in lungo.

Lui ha una protesi alla gamba destra e oggi si arrotola i calzoni per far vedere il ginocchio metallico super tecnologico, ma è lo stesso che ai primi Giochi Senza Barriere (è una manifestazione che organizziamo tutti gli anni) si vergognava a far vedere la protesi.

Proprio alla fine di quella giornata, però, abbiamo festeggiato tutti insieme buttandoci in piscina. Quindi, Marco si è trovato con la cover estetica della protesi inzuppata e ha dovuto toglierla. Anzi, se l'è proprio strappata ed è rimasto solo con la gamba metallica in vista. Insomma, non solo si è presentato così anche alle premiazioni di quei Giochi, ma da quella volta non si è più rifatto la cover estetica della protesi.

Ecco, magari a voi non manca un braccio o una gamba, o magari non dovete fare i conti con una malattia grave o con problemi fisici, ma questo non cambia niente: qualsiasi sia la nostra "mancanza", la nostra diversità, dobbiamo ricordarci sempre che è quella a renderci unici e dobbiamo farla diventare il nostro punto di forza.

A Rio eravamo in tre dell'art4sport team: Veronica, Emanuele e io.

In pratica, la nostra associazione è stata quella con il maggior numero di atleti presenti alle Paralimpiadi. Il nostro sogno sarebbe riuscire ad arrivare a Tokyo 2020 con altri ragazzi ancora.

Mentre scrivo questo libro, l'art4sport team è composto da venticinque fra bambini e ragazzi dai sei ai ventisette anni, tutti senza un pezzo, che hanno trovato o ritrovato nello sport la gioia di vivere, e fra questi ce ne sono tanti che non vedono l'ora di "spaccare tutto" e fare risultati. Alcuni sono già entrati nelle rispettive Nazionali, come Lollo, Riccardo, Marco e Margherita.

Però, ci tengo a dirlo, il nostro scopo non è quello di portarli a fare sport ad altissimi livelli, ma è quello di vederli felici.

La cosa più bella è ricevere le foto delle gare e vederli fieri di avere la toppa art4sport sulla divisa, sulla maglietta, sulla canotta, sulla carrozzina perché sono contenti di fare parte di questo gruppo.

Noi ci innamoriamo delle storie di questi ragazzi.

È stupendo vedere quanto lo sport faccia bene a loro, alle loro famiglie, ma anche a noi quando vediamo che sono contenti di aver vinto, di aver partecipato a una gara e ci dicono grazie.

La verità è che siamo noi a dover dire grazie a loro.

Io devo tanto all'esempio di personaggi come Zanardi o come la Vezzali, ma sono sicura che non se la prenderanno se dico che i miei veri supereroi sono i bambini e i ragazzi di art4sport.

Quando faccio una gara io penso a loro, sono loro la mia forza.

Prendete Margheritina, per esempio.

È nata senza la mano e l'avambraccio sinistro, ma questo non le ha impedito a dieci anni di entrare nel giro delle Nazionali giovanili di taekwondo dopo aver vinto, nell'aprile 2016, la medaglia di bronzo a una gara internazionale.

La storia di questo Bronzo è una di quelle che mi piace di più raccontare perché nasce, indovinate?, sì, nasce proprio da un «È impossibile».

La nostra Margheritina ha cominciato a praticare arti marziali a sette anni insieme a suo fratello Matteo. Hanno cominciato praticando il wushu, una disciplina di solo *kata*, cioè niente contatto fisico ma soltanto dimostrazioni di tecnica.

Dopo due anni di wushu, quando è stato il momento di iscriversi al nuovo corso, Margherita dice ai suoi genitori: «Io mi sono stufata».

I suoi si sono molto stupiti perché erano convinti che il wushu fosse sempre piaciuto sia a lei sia a suo fratello. Qual era il problema?

Si riassume in tre parole: Margheritina voleva menare. Insomma, voleva passare dalle dimostrazioni di tecnica alla pratica con un vero avversario.

Così, i suoi si sono messi subito a cercare l'arte marziale più vicina al wushu (che comunque le era sempre piaciuto davvero), dove però si "menasse", hanno scoperto il taekwondo e hanno iscritto sia Margherita sia Matteo.

Margheritina era contentissima ed è riuscita subito a fare bene perché in questa arte marziale la maggior parte dei colpi si portano con i piedi, quindi le braccia si usano per difendersi. Certo, questo significa che può fare meno parate rispetto agli avversari, però compensa la minore possibilità di difesa con una maggiore propensione all'attacco. Un po' come quando sei bloccato in carrozzina e non puoi scappare a fondo pedana, ma solo affrontare l'avversario e la tua paura, no?

Insomma, non so se l'avete capito, ma la foga agonistica di Margherita mi ricorda la mia di quando ho ricominciato a tirare di scherma.

Ma non divaghiamo e torniamo alla storia.

Dopo tanti mesi di allenamento, arrivano le prime gare. È il marzo del 2016 e i genitori di Margheritina ci chiamano e ci spiegano che c'è una gara internazionale, ma la Federazione del taekwondo non vuole iscrivere Margherita. Matteo sì, ma la Marghe no.

La ragione? La gara era internazionale e, siccome a livello internazionale esiste il taekwondo paralimpico, Margherita avrebbe dovuto partecipare a quelle gare, non a quelle dei normodotati.

Così, art4sport si muove e si interessa, cerca di capire se è possibile risolvere il problema. Chiamiamo la Federazione e viene fuori che c'è anche un altro problema: i genitori dei bambini normodotati in gara hanno sollevato dubbi sul fatto di far gareggiare i figli contro una bambina senza un arto. E se si fa male? E se i loro figli si vergognano ad affrontarla? Nessuno può sapere come potrebbero reagire.

Insomma, le solite diffidenze e difficoltà che si incontrano quando la gente ha paura di qualcosa che non conosce.

Telefonata dopo telefonata, arriviamo a parlare con Angelo Cito, l'attuale presidente della Federazione nazionale e allora segretario generale.

Quando mio padre lo chiama, lui gli ribadisce subito che no, non se ne parla, la decisione è presa: è impossibile ammettere Margherita alla gara.

Così papà gli ha raccontato la storia di una ragazzina che, qualche anno prima, si era sentita dire la stessa cosa: «È impossibile, non puoi più tirare di scherma perché non hai il polso e le tre dita che servono». Alla fine, però, l'allenatore della Nazionale ha deciso di seguirla sotto la propria responsabilità, nonostante non le mancassero solo quelle tre dita e il polso, ma tutti e quattro gli arti.

Il presidente della Federazione nazionale ha capito che quella era la mia storia, ma soprattutto ha capito che la scelta era fra restare fermo sulla posizione dell'impossibile e della paura o aprire la porta a un grande cambiamento, seguendo le orme della Nazionale di scherma paralimpica e di Giorgio Scarso, il presidente della Federazione Italiana Scherma.

È per questo che il Bronzo che Margherita ha vinto a quella gara vale come un Oro, perché Margherita è stata la prima atleta con disabilità a partecipare a quel campionato e a gareggiare con ragazzi normodotati.

Tutto questo grazie alla sua determinazione e alla sua volontà di far capire a tutti che le persone con disabilità possono fare tutto quello che fanno gli altri e grazie alla voglia di apertura di una Federazione che ora ha una nuova attenzione verso i ragazzi con disabilità (da luglio 2016 è una delle venticinque Federazioni paralimpiche riconosciute dal CIP).

Il risultato di questa nuova attenzione e di questa apertura è stato che, il 10 giugno 2017 allo Stadio dei Marmi a Roma, Margheritina ha vinto l'Oro nella sua categoria ai Campionati italiani riservati ai ragazzi dai sei agli undici anni. E anche questa volta, Margherita era l'unica disabile in gara.

In quell'occasione ero andata a seguire la sua gara e ho avuto l'onore di ricevere il kimono ufficiale della Nazionale italiana taekwondo e la cintura nera direttamente dalle mani di Claudio Nolano, il direttore tecnico della Nazionale.

Ma, devo confessarlo, per me l'emozione ancora più grande è stata fare il tifo per Margherita.

È riuscita a sconfiggere tutte le sue avversarie con una determinazione e una "cattiveria" agonistica che mi hanno reso tanto orgogliosa. Non so perché, ma mi ricordava qualcuno alla sua età...

Ha cominciato a farsi strada nel suo sport, la sua Federazione la sostiene e l'ha già inclusa nella Nazionale giovanile come juniores e potrà realizzare uno degli obiettivi più importanti di art4sport: quello di far conoscere e dare visibilità non solo a uno sport "minore", ma anche allo sport paralimpico.

E questo significa più bambini e ragazzi con disabilità che si avvicinano allo sport, più bambini e ragazzi felici e tutto quello che ne consegue a livello fisico e psicologico. Insomma: «Lo sport come terapia, noi ci crediamo».

Ecco, Margherita è quello che io considero un vero supereroe. Una di quelle persone a cui devo dire grazie per la forza che mi trasmette.

Trovatevi anche voi un supereroe. È il modo migliore per capire che non ci sono paure, ostacoli, problemi che non si possano affrontare.

Vi assicuro che non dovete andare lontano, basta guardarvi intorno e cominciare ad ascoltare davvero le persone. Potreste scoprire che i vostri genitori sono supereroi perché riescono a occuparsi di tutta la famiglia senza mai farvi mancare niente. Oppure che il vostro vicino di casa è un supereroe perché ha mille impegni, ma trova il tempo di fare volontariato.

Ma non solo.

Se vi guardate intorno a occhi bene aperti e cominciate ad ascoltare davvero le persone, potreste scoprire non solo supereroi che affrontano i casini della vita di tutti i giorni, ma addirittura supereroi che affrontano o hanno affrontato lo stesso identico problema che state affrontando voi, la stessa difficoltà, la stessa sofferenza, e hanno capito prima di voi come uscirne.

La cosa bella è che

**i supereroi sono persone come noi,
che affrontano problemi come i nostri
e sono la prova del fatto
che una soluzione esiste sempre.**

Se mentre cercate il vostro volete "prendere in prestito" i ragazzi di art4sport, siamo solo contenti, ma che non diventi una scusa per smettere di cercare.

Noi, per esempio, non abbiamo certo smesso di cercare un modo per aiutare sempre più bambini e ragazzi.

La cosa stupenda è che i modi di far crescere l'associazione ci si sono presentati da soli.

Vi spiego meglio.

Quando è nata art4sport, l'esperienza che potevamo condividere con gli altri era la mia, quella di una ragazzina di dodici anni. Per questo, art4sport è stata pensata per permettere ai bambini amputati di praticare sport.

Ma con il passare del tempo, i primi bambini e ragazzi arrivati nel team sono cresciuti. Anzi, è più corretto dire che siamo cresciuti e siamo diventati maggiorenni.

Il primo a farlo è stato Davide che ha compiuto 18 anni nel 2014.

"E adesso che cosa facciamo?" ci siamo domandati.

Quando avevamo fondato l'associazione, non avevamo pensato che i primi ragazzini non sarebbero rimasti per sempre piccoli.

La soluzione, come in tutte le squadre affiatate, è venuta da sola: dal 2014 chi è cresciuto nell'associazione può restarci anche dopo aver compiuto diciotto anni e praticare il suo sport con l'aiuto di art4sport fino a quando lo desidera, diventando ancora più di prima un punto di riferimento e un esempio per i piccoli che già sono in associazione e per quelli che arriveranno.

Così, dopo il compleanno di Davide, abbiamo cominciato ad avere tre categorie di atleti: Baby (fino a quattordici anni), Junior (fino a diciotto anni) e Senior (dai diciotto anni in su).

Quindi, se eri diventato maggiorenne nell'associazione potevi restarci, ma se eri maggiorenne e chiedevi di entrare a farne parte non potevi.

Parlo al passato perché in realtà le cose ora sono cambiate di nuovo.

L'anno dopo il diciottesimo compleanno di Davide, abbiamo conosciuto Elisa.

Elisa aveva venticinque anni all'epoca e aveva appena avuto il meningococco C e l'amputazione del piede sinistro. Così come era successo con Veronica e poi con Sara, la terza componente di quello che chiamiamo il Club delle meningitiche, abbiamo cercato di metterle a disposizione la nostra esperienza per aiutarla a superare al meglio la malattia e l'amputazione.

Ovviamente non c'è stato niente di facile nemmeno per lei, ma Elisa è una ragazza così carina, così gentile, con una famiglia fantastica, un fidanzato che la adora, un'amica del cuore che le vuole un bene assurdo, insomma, è una persona così speciale che alla fine ce l'ha fatta e ne è uscita più forte di prima.

Nel 2017, a fine marzo, è venuta con noi a Cortina a festeggiare il compleanno di art4sport e come sempre ci siamo trovati tutti benissimo con lei.

Ci siamo trovati così bene che alla fine abbiamo detto: «Ma perché non può entrare in associazione? È vero che ha più di diciotto anni, ma forse è tempo di aggiornare le regole».

Così, dal 2017 grazie a Elisa, alla sua forza e alla sua gentilezza, ogni anno, oltre a due o tre Baby/Junior, potrà entrare in associazione anche un Senior.

Tutto questo, in effetti, dimostra una cosa:

non ponetevi mai limiti.

Perché non sapete mai quali altri traguardi potrebbe riservarvi il futuro.

GIOCHI SENZA BARRIERE

Nel 2010, quando sono cominciati, i Giochi Senza Barriere si chiamavano «Uniti nello sport», ma servivano allo stesso identico scopo a cui servono oggi: far conoscere art4sport e lo sport paralimpico e raccogliere fondi per l'associazione.

Stabiliti questi due obiettivi, in quel 2010 abbiamo organizzato a Mogliano la classica partita di calcio di beneficenza fra la Nazionale di Calcio TV, composta da personaggi di *Zelig* e *Striscia la notizia* che potessero fare da "richiamo", contro la squadra di art4sport, composta da rappresentanti di tutte le associazioni sportive di Mogliano.

Zanardi era il nostro allenatore e Sabrina Salerno la madrina dell'evento.

A parte il fatto che ci hanno massacrato quattro a zero (e papà ha sbagliato il goal della bandiera su rigore all'ultimo minuto), l'evento è stato carino e divertente, abbiamo riempito lo stadio e raccolto molti fondi. Ma le persone con disabilità sono rimaste sedute fra il pubblico a guardare e basta.

A quel punto abbiamo capito una cosa fondamentale: sì, volevamo far conoscere lo sport paralimpico e art4sport e raccogliere fondi per le attrezzature da dare ai nostri ragazzi, ma volevamo farlo in un modo che fosse nostro, con giochi a cui potessero partecipare tutti, normodotati e persone con disabilità.

Grazie ai trascorsi da animatori nei villaggi turistici dei miei genitori, l'anno dopo, nel 2011, abbiamo organizzato sempre a Mogliano i primi Giochi Senza Barriere, ispirati ai vecchi Giochi Senza Frontiere, che magari i meno giovani di voi ricorderanno, o al programma giapponese *Takeshi's Castle*, per i più giovani.

Nel 2011 abbiamo cominciato con otto squadre moglianesi da cinquanta persone che si sono sfidate fra corse in mezzo ai giochi gonfiabili e piscine. Nel 2017 siamo arrivati ad avere otto squadre regionali, composte da una ventina di atleti maschi e femmine e con un'equa presenza di giocatori con disabilità in ogni squadra.

Da sempre, ogni squadra ha due capitani: uno è un personaggio famoso del mondo dello sport o dello spettacolo e l'altro è uno dei ragazzi dell'art4sport team.

Ma non solo.

In quel 2011 abbiamo cominciato al campo sportivo di Mogliano con il nostro comitatone, cioè quindici amici moglianesi che ci hanno seguito tutto l'anno per organizzare i giochi e hanno a loro volta coordinato altri gruppi di quindici/venti volontari che ci hanno dato cuore, anima, testa, braccia, gambe, tempo ed entusiasmo.

Piano piano siamo cresciuti e nel 2015 siamo approdati all'Arena civica di Milano con giochi dedicati al tema del cibo, visto che era l'anno di Expo, e allo Stadio dei Marmi di Roma nel 2016 e nel 2017.

I giochi sono stupendi!

Gente di tutte le età, in condizioni fisiche diverse, che si mena (si fa per dire, eh, come sempre) per arrivare al traguardo: c'è una competizione pazzesca, si divertono tutti un sacco e in quel casino delle gare nessuno pensa che una persona con disabilità vada trattata con le pinzette come se fosse di vetro.

Secondo me, una volta dovreste venire a vederli perché è il modo migliore per capire il nostro concetto di integrazione: persone con disabilità e normodotati che se la godono e se la giocano alla pari. Una vera figata!

L'ultima edizione, quella di Roma 2017, è stata ancora più stupenda per molte ragioni.

La prima cosa importante è stata il sostegno del CONI e del CIP, che per noi sono fondamentali per raggiungere il maggior numero possibile di bambini e ragazzi.

In più, ci siamo ritrovati con un sacco di amici del mondo dello sport e dello spettacolo che si sono resi disponibili per venire a giocare con noi, dando una certa visibilità all'evento.

Come nel 2016, in gara c'erano otto squadre regionali: Piemonte, Lombardia, Veneto, Friuli Venezia Giulia, Toscana, Emilia Romagna, Lazio, Sardegna. Ogni squadra era composta da venti persone fra bambini e adulti, sia con disabilità che normodotati, ed era capitanata da un ragazzo dell'associazione, da uno sportivo famoso più un personaggio del mondo dello spettacolo (per la prima volta li abbiamo raddoppiati).

C'erano Alessandra Amoroso ed Emma Marrone, l'ex rugbista Martín Castrogiovanni, l'ex sciatore Kristian Ghedina, il DJ Ringo con la compagna Rachele Sangiuliano, ex campionessa di pallavolo, e Saturnino, ma anche gli ex calciatori Demetrio Albertini, Marco Materazzi e Marco Tardelli, l'atleta paralimpica Monica Contraffatto, la ballerina Simona Atzori e l'influencer Marco Ferrero (che forse conoscete come Iconize).

Il CONI, come vi ho già accennato, ci ha messo

di nuovo a disposizione lo Stadio dei Marmi, oltre a ospitare la conferenza stampa di presentazione dell'evento.

I Giochi si sono tenuti il 13 giugno e il 6, cioè una settimana prima, mi sono ritrovata in sala stampa con due "angeli custodi" davvero particolari: Martín Castrogiovanni e Alessio Sakara, un atleta che pratica MMA, cioè *Mixed Martial Art*, una specie di arte marziale mischiata con il pugilato.

Li ho scelti come capitani per il Lazio, la mia squadra, con uno scopo preciso: sconfiggere la mia amica Veronica e la Lombardia, la sua squadra, che hanno vinto le ultime edizioni.

Martín me l'ha promesso anche in conferenza stampa: «O si vince o ci ritiriamo per sempre».

Le premesse mi sembravano ottime, insomma. E anche molto rischioso!

Ma andiamo con ordine.

Per montare i giochi gonfiabili e tutto quello che serve per le varie sfide in media impieghiamo almeno due giornate intere, ma quest'anno abbiamo dovuto metterci molto di meno perché per la prima volta da quando il CONI è nato ha ricevuto la visita del Capo dello Stato italiano e la cornice principale della giornata è stata proprio lo Stadio dei Marmi.

L'incontro con il presidente Mattarella è stato davvero stupendo e ve ne parlerò più avanti nei dettagli, quello che posso anticiparvi è che, svolgendosi proprio nello stesso posto in cui dovevano esserci i Giochi Senza Barriere il giorno dopo, per riuscire ad allestire i Giochi i volontari hanno dato ancora più del massimo che danno sempre. Ma per un evento storico come quella visita, ne valeva la pena.

Infatti, la visita di Mattarella è cominciata alle 18 e il CONI ci ha avvisato che avremmo avuto accesso allo stadio solo a partire dalle 22. Ma il team di Massimo Plebani, il papà di Veronica, non si è fatto scoraggiare. Massimo si occupa ormai da anni dell'intera produzione e realizzazione dei giochi per conto di art4sport, quindi lui e la sua squadra sapevano esattamente come muoversi per ottimizzare i tempi. La sera prima dei giochi hanno lavorato dalle 22 alle 2 di notte, mentre il *service* ha continuato fino alle 4 per sistemare l'amplificazione, i maxi schermi e le postazioni della regia.

Il giorno dopo i lavori sono ripresi alle 7 di mattina e sono andati avanti fino a un'oretta prima dell'inizio dei giochi fissato per le 20:30.

Il Comitatone, arrivato da Mogliano con due pulmini e due macchine (adesso è composto da ventisei persone!), si è rimboccato le maniche sia la sera prima sia il giorno dei giochi. Non li ringrazieremo mai abbastanza per quello che hanno fatto e continuano a fare per noi!

È grazie a loro se siamo cresciuti, siamo passati dalle prime piccole edizioni a Mogliano a queste due romane allo Stadio dei Marmi. Ma lo spirito di condivisione, collaborazione e unione non è cambiato, è sempre lo stesso e faremo di tutto perché rimanga sempre così.

Oltre al lavoro "manuale", non possiamo certo dimenticare quello fatto da AlmaCreativa, la società di comunicazione di Milano che, coordinata da Emanuela De Marchi, da anni segue l'evento proprio a livello di comunicazione.

A presentare la serata per il secondo anno consecutivo c'è stato il mitico Trio Medusa. Giorgio, Gabriele e Furio sono stati fantastici come sempre.

Fantastica anche l'apertura dei Giochi con il balletto di Simona Atzori, la ballerina e pittrice senza braccia, con il corpo di ballo del Teatro alla Scala.

Il balletto è stato stupendo, ma altrettanto stupendo è stato guardare Mayla durante il balletto.

Mayla è una delle bambine dell'art4sport team e fa danza moderna anche se le manca la gamba sinistra da sotto il ginocchio. Ovviamente Simona Atzori è uno dei suoi miti e avrebbe fatto qualsiasi cosa per salire sul palco con lei, ma non potendo si è accontentata di un posto proprio sotto il palco.

Uno sguardo così concentrato e i passetti che le ho visto fare seguendo quelli di Simona bastano per dire che i Giochi sono stati un trionfo.

La serata è stata un successo incredibile, anche più del 2016, e ci siamo divertiti tantissimo.

Credo che sia stato anche perché i personaggi che abbiamo invitato, sia quelli dello sport che quelli dello spettacolo, sono stati disponibilissimi da subito e si sono impegnati un casino per vincere.

Tanto per darvi un'idea, l'agonismo era così forte che nel gioco finale, quando le squadre del Veneto e del Lazio erano testa a testa, è nata una contestazione tecnica fra Castrogiovanni e Materazzi ed è stato davvero, diciamo, impegnativo riuscire a risolvere la contesa. Comunque, è stata proprio grazie a questa contestazione che il Veneto è passato in testa e ha vinto praticamente all'ultimo secondo, superando il mio Lazio.

Peccato che per le prossime edizioni dei Giochi dovrò trovarmi dei nuovi capitani visto che Martín era stato molto chiaro: se perdiamo ci ritiriamo.

Va bene, nel 2017 ha vinto il Veneto capitanato da Emma Marrone e Kristian Ghedina, ma almeno Veronica non può dire di avermi battuta. E l'anno prossimo il Lazio si rifarà!

PIÙ SCIALLO SEI, MEGLIO È

Cioè sii te stesso e andrà benissimo

La prima cosa da fare per essere scialli è… essere scialli! Scialli si nasce o si diventa, non fa differenza, perché diventarlo è la cosa più facile del mondo: basta essere tranquilli e, soprattutto, essere se stessi.

Non ci avete capito niente? State scialli che adesso vi spiego meglio.

Prendete me, per esempio: io sono nata scialla, cioè riesco a essere me stessa senza farmi problemi, non importa dove sono, con chi sono e cosa sto facendo.

Non ho mai avuto paura di parlare con le persone, di qualunque età, origine, professione, perché parto dal presupposto che siamo tutti uguali e valiamo prima di tutto per quello che siamo e che facciamo.

Per questo, secondo me,

la cosa più bella che possiamo fare per noi e per gli altri è mostrarci per quello che siamo in qualsiasi situazione.

Vi assicuro che se la smettiamo di farci paranoie mentali su quanto valiamo noi e quanto valgono gli altri, riusciremo a parlare tranquillamente con tutti senza porci limiti, a sentirci a nostro agio con tutti, dai piccoli agli adulti, dalle persone comuni a quelle che sono importanti o famose.

Perché, prima di tutto, nessuno vale più di un altro e il rispetto alle persone va portato a prescindere da quanto sono ricche, famose, da che lavoro fanno o da che ruolo ricoprono.

E, seconda cosa, essere se stessi sempre e con chiunque vuol dire anche avere rispetto di sé. Solo avendo rispetto di noi stessi e convinzione delle nostre capacità possiamo raggiungere i nostri obiettivi.

Dovete fare un colloquio di lavoro? O parlare con un tipo o una tipa che vi interessa? O siete riusciti a incontrare una persona che per voi è un mito? State tranquilli e siate voi stessi: non avete niente da dimostrare a nessuno. Essere voi stessi e riuscire a esprimere quello che avete in testa renderà subito l'atmosfera super rilassata e in un'atmosfera super rilassata tutti si sentono a loro agio. E cosa c'è di più bello che sentire e far sentire gli altri a proprio agio?

Quindi, che abbiate davanti un prof., un super capo, vostra madre o il presidente degli Stati Uniti, state scialli.

Dopo le Paralimpiadi, ho cominciato ad avere più visibilità, sarebbe sciocco negarlo, e mi è capitato di trovarmi coinvolta in situazioni che neanche mi sarei mai immaginata.

Cominciamo da Obama.

Sì, lo dicevo da sempre che mi era simpatico, ma chi se lo immaginava che avrei avuto davvero l'occasione di conoscerlo e di farmi un selfie con lui?

Quando ti trovi davanti a un personaggio così, come minimo dovresti restare senza parole, e in effetti è quello che è successo all'inizio. Ma poi mi sono detta: "Posso rovinarmi questa occasione?". Ovvio che no! Ed è subito partito un bel: "Stai scialla!".

Ero così scialla che, quando mi sono avvicinata al suo tavolo per chiedergli il selfie, in quei due minuti di conversazione che abbiamo fatto prima, sapete che cosa gli ho detto?

Come vi ho raccontato, lui mi ha chiesto come stavo, come mi trovavo, se andava tutto bene.

E sapete cosa gli ho risposto io? Che sì, era tutto a posto, tutto bene e poi ho aggiunto: «Bella location».

Appena l'ho detto, dentro di me ho sentito subito un'altra Bebe che gridava: "Scema! Scema!", ma Obama si è messo a ridere e io mi sono sentita sciallissima.

Tutto questo per dire che per un istante mi sono sentita idiota, ma poi mi sono detta che andava bene così perché mi sono comportata da Bebe, sono stata me stessa punto e basta.

Non importa quello che mi succede, non conta quanta cosiddetta "visibilità" ho perché io resto me stessa, la stessa Bebe di sempre.

Okay, lo ammetto: da quando ho conosciuto Maria Grazia Chiuri, la mitica capa di Dior, qualche piccolo cambiamento l'ho fatto.

Prima il massimo per me era l'abbigliamento sportivo e l'apice della felicità erano le gare, perché giravo per giorni per i palazzetti dello sport in tuta della Nazionale e scarpe da ginnastica.

Anche a casa, quando si trattava di uscire era la mia amica Emily quella che impiegava secoli per vestirsi, truccarsi e prepararsi.

Poi è arrivata Maria Grazia con la collezione ispirata alla scherma, l'invito alle sfilate di Parigi e sono stata contagiata anch'io.

Però, sia chiaro, è solo una questione estetica. Infatti, anche alle sfilate sono stata scialla e mi sono divertita da morire.

La prima a cui ho partecipato è stata quella alla Fashion Week di Parigi, dopo Rio.

Maria Grazia aveva fatto tutta una collezione di vestiti ispirata alla scherma e ha pensato che il modo migliore di presentarla fosse chiamare la Federazione Italiana Scherma e chiedere di invitare tre schermitrici. E fra queste tre c'ero anch'io.

Le altre due erano due super campionesse olimpiche: Arianna Errigo, campionessa del mondo di fioretto, e Rossella Fiamingo, campionessa del mondo di spada.

Loro sono due miti per me, due personaggi enormi. Quindi, già la felicità era doppia: veder sfilare vestiti stupendi ispirati alla scherma e poterlo fare insieme a due personaggio così mitici.

Poi ho conosciuto Maria Grazia e sono stata ancora più felice di aver accettato l'invito perché lei è una tosta, la prima donna e la prima italiana a guidare Dior, super femminista, molto rock e piena di personalità.

È stato un weekend da sogno, una di quelle esperienze che mai avrei pensato di fare nella vita.

Anche perché ho potuto scatenarmi con i selfie.

In pochissimi giorni ho aggiunto nomi pazzeschi alla mia collezione: Kirsten Dunst, Jennifer Lawrence, Rihanna (non Arianna, come aveva capito mio padre al telefono), solo per farvi qualche nome.

La seconda sfilata è stata nel marzo 2017, sempre a Parigi, ma questa volta era dedicata all'alta moda (cioè una sfilata con pochi pezzi unici e riservata a un numero ristretto di invitati), però mi sono divertita lo stesso un sacco e mi sono fatta anche qualche altro selfie, tra cui un altro con Kirsten Dunst e uno con A$AP Rocky.

Se guardate le foto che ho postato su Instagram in tutte e due le occasioni, mi vedrete sempre con la stessa espressione: il sorrisone felice.

Che fossi con Rihanna, Jennifer Lawrence o Kirsten Dunst, il sorrisone era sempre lo stesso e diceva solo una cosa: "Ma chi se l'aspettava di trovarsi in mezzo a tutti questi personaggi!".

«E certo» starà dicendo qualcuno di voi, «a noi dici di essere noi stessi, di accettarci per quello che siamo, ma poi ti piace fare selfie con i personaggi famosi».

Ecco, no, vorrei che fosse chiara una cosa: io non mi faccio le foto con loro perché sono famosi, ma perché sono tutte persone che dimostrano come, se ti impegni, puoi arrivare dove vuoi.

Molte delle persone che mi è capitato di incontrare sono famose perché fanno un lavoro che le mette sotto i riflettori, ma mettono il cuore in quel lavoro, proprio come io metto il cuore nella scherma.

Ciascuna di loro aveva un sogno, l'ha fatto diventare un obiettivo e si è impegnata per raggiungerlo. Se l'obiettivo raggiunto le ha fatte diventare famose è solo una delle conseguenze.

Lo scopo in sé, in sostanza, non è diventare famosi, lo scopo è diventare felici facendo le cose che si amano.

Quindi, stiamo scialli e sorridiamo! Raggiungeremo con più leggerezza i nostri obiettivi e cambieremo il mondo, perché sono le persone felici quelle che hanno davvero il potere di cambiarlo.

È quello che ho cercato di dire anche ai 2.200 studenti tra i tredici e i vent'anni che erano ospiti al Palazzo di Vetro dell'ONU il 17 marzo 2017 per il Change the World Model United Nations.

Si trattava della settima edizione di questo evento di tre giorni durante il quale questi ragazzi che arrivano da cento Paesi diversi del mondo scoprono come funziona l'ONU.

In pratica, gli studenti si dividono in commissioni, come se fossero loro i ministri e gli ambasciatori dei loro Paesi e si confrontano, fanno riunioni, progetti su temi importanti come lo sviluppo sostenibile, il rispetto delle minoranze e cose simili.

È una cosa importante perché capiscono davvero come funzionano tutte quelle cose che di solito si vedono solo al telegiornale. Per l'apertura dell'evento eravamo state invitate io e la mitica Tania Cagnotto, super campionessa olimpica e mondiale di tuffi.

Non potevo crederci! È stato come quando mi hanno invitato alla Casa Bianca, mi sembrava che da un momento all'altro dovesse partire la musica di *Scherzi a parte*. Che cosa c'entravo io con l'ONU?

In pratica, ci hanno chiesto di fare il discorso di inaugurazione e di spiegare come avevamo raggiunto le nostre vittorie.

Lo abbiamo fatto tutte e due in inglese e Tania è stata veramente brava, ha parlato dell'importanza di non mollare mai e di riprovarci sempre finché non si arriva al proprio obiettivo.

Io, come al solito, non avevo preparato niente perché non mi piacciono i discorsi preparati, cerco di essere sempre spontanea. Anche perché contavo sul fatto che la persona che ci presentava ci avrebbe fatto una domanda da cui partire.

E, in effetti, a Tania ha chiesto di raccontare come ha raggiunto i suoi grandissimi traguardi e, come vi ho detto, lei è stata davvero bravissima e coinvolgente nel racconto.

Quando è arrivato il mio turno, invece, il presentatore ha detto: «Bebe è così brava sul palco che non ha bisogno di domande».

Lì per lì mi sono bloccata. Considerate che erano un posto e un'occasione importanti e che non parlavo nella mia lingua. Ma, alla fine, ho cercato di essere scialla!

In fondo, la cosa importante era metterci il massimo dell'impegno e far capire ai ragazzi che ero sincera, che in quello che stavo dicendo ci credevo davvero e che le parole che stavo pronunciando non erano finte, ma venivano dal cuore.

Com'è finita con il mio discorso?

Mi sono concentrata sui sogni che ciascuno di noi ha. Su quanto sia importante trasformarli in obiettivi e dare tutti noi stessi per cercare di raggiungerli ed essere il cambiamento nel mondo.

I ragazzi hanno applaudito, cosa che mi ha reso felicissima: quanto sarebbe figo se tutti loro portassero davvero un cambiamento nel mondo?

E a proposito di discorsi in inglese, come dimenticare quello dei Laureus?

I Laureus World Sports Awards sono gli Oscar dello sport e vengono assegnati tutti gli anni agli sportivi che si sono distinti in dieci specifiche categorie (ogni categoria ha sei candidati): Sportiva e Sportivo dell'anno, Squadra dell'anno, Rivelazione dell'anno, Ritorno dell'anno, Sportivo alternativo dell'anno, Sportivo paralimpico dell'anno, Premio alla carriera, Sport per il bene e Spirito sportivo.

Dal 2000, anno in cui è nato il premio, l'unico italiano a vincerlo è stato Valentino Rossi, nel 2011 come Ritorno dell'anno, mentre Alex Del Piero fa parte della Academy, cioè di una delle tre giurie.

Quando ci hanno detto che ero fra i candidati del 2017, guardando tutti i nomi dei paralimpici e degli olimpici siamo rimasti a bocca aperta: c'era veramente il massimo dello sport mondiale.

C'erano Michael Phelps, Usain Bolt, Cristiano Ronaldo, il Real Madrid, insomma, gente di quella che vedi solo in televisione, di cui senti parlare tutti i giorni, una cosa veramente incredibile.

Già pensavo a tutti i selfie che mi sarei fatta! E in più, c'era la felicità di andare a Montecarlo (è lì che si è svolta la premiazione) con mio padre e mio fratello Nico come accompagnatori.

Arriviamo al 14 febbraio 2017 e alla famosa serata in questo posto stupendo con il principe Alberto di Monaco e la principessa Charlène. C'era della gente pazzesca, abbiamo fatto il red carpet (io l'ho fatto con le lame da corsa) e poi le foto in posa prima della cena.

Io mi ero rimessa le gambe di tutti i giorni, un vestito rosso di Valentino, mentre mio padre e Nico erano in smoking. Eravamo tutti elegantissimi e… con le scarpe da ginnastica! Per raccogliere fondi da dare in beneficenza, infatti, tutti i partecipanti alla serata indossano un paio di scarpe da ginnastica che, dopo la premiazione, vengono messe all'asta.

Alla cena eravamo seduti al tavolo con Claudio Ranieri, che nel 2016 ha vinto il Campionato inglese con la squadra neopromossa del Leicester (che era in lizza nella specifica categoria), insieme ad alcuni giocatori e dirigenti della squadra.

Ovviamente io sono partita subito con i selfie, anche perché mi ero detta: "Io vado lì, tanto vincere non vinco, ma faccio selfie come una pazza".

In effetti, ne ho fatti di tutti i colori, compreso uno con Hugh Grant (con grande invidia di mia madre e mia sorella).

Cominciano le premiazioni: il centometrista Usain Bolt vince nella categoria Sportivo dell'anno, la ginnasta medaglia d'Oro olimpica Simone Biles in quella Sportiva dell'anno, i Chicago Cubs sono Squadra dell'anno, il pilota Nico Rosberg è il vincitore della categoria Rivelazione dell'anno, il nuotatore Michael Phelps di quella Ritorno dell'anno.

La premiazione funzionava così: annuncio candidati, annuncio vincitore, vincitore sul palco, consegna del premio, discorso del vincitore.

Allora, mentre io continuo a farmi selfie con tutti quelli che riesco a raggiungere, mio padre comincia a dire: «Bebe, ma ti sei preparata qualcosina da dire se per caso vinci?».

E io, sciallissima: «Ma no, papà! Hai visto chi sono gli altri cinque della mia categoria? C'è gente che ha mazzi di medaglie paralimpiche, gente che ha fatto decine di Paralimpiadi, gente davvero tanto tosta che ha fatto la storia delle Paralimpiadi. Cosa vuoi che vinca io? Io sono qua per fare i selfie. Quindi, tranquillo».

Il tempo passa, i premi vengono assegnati e arriva il momento della mia categoria.

L'ex calciatore Clarence Seedorf sale sul palco e comincia a parlare dell'importanza del mondo paralimpico e degli atleti paralimpici, dice che non vanno considerati disabili, ma gente forte, gente tosta.

Devo dire che è stato un discorso veramente bello, che mi ha molto colpito. Infatti, dopo la premiazione sono andata a fargli i complimenti, abbiamo parlato moltissimo. Ho scoperto una persona davvero speciale ed è nata un'amicizia.

Mentre Seedorf faceva il suo discorso, mio padre parte di nuovo all'attacco: «Ma, Bebe, un'idea di che cosa dire, due o tre parole chiave da tenerti in testa quando sei lì sul palco, perché se mai vincessi, poi ti emozioneresti...».

E io ancora: «Papà, non ti preoccupare che non vinco».

Ho appena finito di dirlo quando Seedorf apre la busta e dice: «And the Laureus Academy has chosen Beatrice Vio».

Parte l'applauso di tutto il pubblico, io guardo mio padre e dico: «E adesso?».

«E adesso niente. Adesso ti alzi, vai sul palco e dici qualcosa. E stai attenta a non inciampare nel vestito facendo le scale!».

Ero emozionatissima.

Sul palco mi aspettava Alex Del Piero. L'ho abbracciato, ho preso il premio, ma giusto un secondo perché pesava troppo e gliel'ho ridato subito, e ho provato a fare un discorso.

Se guardate il video (si trova ancora su YouTube),

vi renderete conto che ero davvero molto molto emozionata, quasi mi tremava la voce.

La verità è che non me l'aspettavo, non pensavo davvero di poter vincere.

Ho ringraziato per il premio, ho ricordato quanto è bello e quanto siamo fortunati a fare sport, ho parlato dell'importanza delle squadre che stanno dietro ai risultati dei singoli sportivi e ho citato le mie squadre, in particolare la scherma e la mia famiglia, e ho anche citato l'Italia e la speranza che quel premio fosse un motivo in più per essere orgogliosi di essere italiani.

Se ci ripenso, per quanto ero emozionata non so davvero come ho fatto a dire tutto quello che ho detto e a dirlo in inglese. Ma poi mi ripeto che essere scialli è anche questo: emozionarsi e far capire agli altri che si è emozionati. Perché provare emozioni è bellissimo, è il vero gusto della vita.

Non c'è niente di più bello, secondo me, che essere se stessi in tutte le occasioni.

Per farvi un esempio, io sono stata in alcune trasmissioni televisive, tipo *Le Iene*, *E poi c'è Cattelan*, *Che tempo che fa* e *Caro Marziano*, e in radio a *Chiamate Roma Triuno Triuno* con il super Trio Medusa.

Sono state tutte esperienze bellissime, ma voglio che sia chiara una cosa: le ho fatte per divertirmi, per fare cose belle, ma io sono e resto sempre e solo un'atleta. Diciamo che ho vent'anni e cerco solo di provare tutto quello che la vita mi permette di sperimentare.

Queste incredibili esperienze non mi hanno mai messo ansia, anche perché mi piace parlare con la gente e la TV e la radio sono due modi perfetti per raggiungere un sacco di persone.

Una delle occasioni in cui mi sono divertita di più è stata la trasmissione *Caro Marziano* di Pif.

Lui mi piace un sacco perché è davvero un tipo simpatico e molto sciallo. Abbiamo fatto l'intervista in una piscina, belli tranquilli, senza preparare niente.

Ci siamo seduti su due lettini di quelli che si usano per prendere il sole e abbiamo cominciato a girare. Solo che a un certo punto si è alzato il vento e la parte sopra del lettino dove era seduto Pif gli si è chiusa in testa. Ha preso una botta pazzesca! Ma è stato così buffo che io sono scoppiata a ridere e non riuscivo più a smettere. Ci abbiamo messo un sacco prima di ricominciare con la registrazione.

E poi, Pif è stato molto carino e ha ricambiato la mia "visita" facendosi intervistare nel programma *La vita è una figata*, la trasmissione in onda a ottobre 2017 su Rai Uno. Non so se vi è capitato di vederla.

Simona Ercolani, l'ideatrice e produttrice del programma, ci ha chiamati a gennaio 2017 per proporci questa avventura.

La sua idea era quella di mandarmi in giro per l'Italia a incontrare bambini e ragazzi, dai dieci ai trent'anni, e farmi raccontare da loro le sfide e le prove che dovevano affrontare nella vita di tutti i giorni.

Sarebbero state sei puntate con tre interviste ciascuna. Cosa che avrebbe richiesto un giorno intero di lavorazione per ogni puntata, più gli spostamenti.

Simona aveva avuto un'idea bellissima, non per niente è l'autrice e la produttrice di tanti programmi televisivi molto famosi tra i quali *Sfide* con Alex Zanardi.

Peccato che i miei impegni, sportivi e non, fossero così tanti che non potevo proprio dedicarmi a questa cosa, quindi la nostra risposta è stata: «Grazie tantissimo per aver pensato a me, ma non ce la facciamo».

Ma Simona alla fine è riuscita a trovare la soluzione, cioè quella che forse avete visto in TV: girare il programma in una casa mia "riprodotta" portando tutte le mie cose in uno studio alle Officine Farneto, nella zona della Farnesina a Roma.

Ma questo non è stato l'unico cambiamento, perché incontrandoci e parlando è nata l'idea di intervistare sempre almeno un ragazzo o un bambino di art4sport e poi, quando sono cominciate le riprese, abbiamo pensato di coinvolgere anche personaggi famosi dello sport e dello spettacolo amici miei.

Abbiamo registrato tutte le puntate a inizio giugno 2017 con Simona, la sua squadra di autori e di attrezzisti e tecnici di Cinecittà.

Non è un caso se ho usato il termine "squadre". È vero, si usa normalmente nella produzione televisiva, ma è anche uno di quelli a cui, come ormai sapete benissimo, sono più affezionata.

Una delle cose belle che ho scoperto lavorando con tutte queste persone è che la TV è come lo sport:

per avere risultati che ti soddisfino (a livello personale, intendo, gli ascolti sono un'altra cosa in cui non entro nemmeno perché non è il mio lavoro) bisogna fare squadra.

L'altra cosa stupenda che ho scoperto grazie a questa esperienza è la città di Roma.

Non che non la conoscessi già (mia madre è nata a Roma e lì vivono i miei super cugini e molti miei amici), ma in questa occasione me la sono proprio goduta. Mi ci sono fermata fino a metà giugno, due settimane davvero stupende in cui ho fatto di tutto.

Prima la registrazione della trasmissione, poi la partecipazione alla festa della Repubblica, durante la quale ho fatto il selfie con Mattarella, e poi ancora la partecipazione alla festa della Polizia e la conferenza stampa di presentazione dei Giochi Senza Barriere al CONI.

Solo il 9 e il 10 giugno ho lasciato la Capitale e sono volata a Gorizia, dove ho partecipato al Campionato italiano di scherma, vincendolo.

Sono rientrata giusto in tempo per vedere, il 12 giugno, il presidente della Repubblica in visita al CONI e partecipare, il giorno dopo, ai Giochi Senza Barriere.

A Roma, stavo a Ponte Milvio ed ero vicinissima agli studi dove registravamo e, appena finivo, raggiungevo in pochissimo tempo la palestra delle Fiamme Oro in cui ho continuato ad allenarmi per tutto il tempo che sono stata nella Capitale. E poi girare per Roma è veramente stupendo!

Insomma, prima la amavo, adesso la amo ancora di più.

"Ma com'è questo programma?" vi starete domandando se non l'avete visto.

Si tratta, come vi ho accennato sopra, di sei puntate registrate nel "mio" loft, durante le quali intervistavo i nostri mitici ragazzi di art4sport e altri personaggi del mondo dello spettacolo e dello sport.

Sì, perché, come sempre succede quando mi propongono di fare qualcosa di particolare come un programma TV, io cerco subito di coinvolgere art4sport per darle il massimo della visibilità.

Se vi capita di parlare con me, di solito dopo pochi minuti sto già raccontando dell'associazione. Il concetto è: dove ci sono io, c'è art4sport, la nostra è una simbiosi.

Per questo vi dico che quando vi capitano cose belle, condividetele perché diventeranno ancora più belle.

Quindi, per me è stato fantastico avere ospiti i bambini e i ragazzi che sono i miei miti!

Ma oltre a loro ho intervistato anche, per farvi qualche nome, Paola Turci, Geppi Cucciari, Pif, il Trio Medusa, Martín Castrogiovanni, il presidente del CONI Giovanni Malagò e il presidente del CIP Luca Pancalli.

In pratica, ho realizzato un sogno che avevo da quando una sera a casa abbiamo visto una puntata di *Victor Victoria*, una trasmissione del 2009-2010 condotta da Victoria Cabello.

In quella puntata c'era ospite il grande motociclista Marco Simoncelli e la Cabello l'aveva sfidato a una gara in studio, ma al posto delle moto avevano usato due cavallucci a dondolo.

Simoncelli era stato stupendo e si era divertito alla grandissima: lui era altissimo e non riusciva quasi a muoversi sul cavalluccio, mentre la Cabello è piccolina e si muoveva benissimo.

Lì era proprio venuta fuori tutta la simpatia di questo ragazzo, non si era preso per niente sul serio, faceva davvero sbregare dal ridere.

Ero rimasta affascinata da quel programma e dalla simpatia di Marco, quindi ho detto ai miei: «Un giorno vorrei fare anch'io una trasmissione televisiva per far conoscere i personaggi famosi, far vedere il loro lato più vero».

Molti personaggi sono tanto diversi da come si vedono in televisione, alcuni in negativo, ma altri in positivo, nel senso che sono ancora più belli umanamente di come li vedi in TV.

Insomma, volevo dire ai miei che mi sarebbe piaciuto fare una cosa simile a quella di quel programma televisivo per far conoscere il lato più umano, delicato e riservato delle persone famose.

Non so se ci sono riuscita, ma almeno posso dire di averci provato e, comunque, di essermi divertita un sacco a fare questa esperienza.

Per esempio ho scoperto che Pif è diversissimo da come uno si potrebbe immaginare. Io lo conoscevo per i suoi programmi TV, per le sue interviste, e mai mi sarei immaginata di scoprire una persona così timida!

Anche con Paola Turci mi sono trovata benissimo: si è aperta molto e abbiamo riso e scherzato tranquillamente delle sue e delle mie cicatrici. È stato bellissimo e credo anche utile, soprattutto nei confronti delle ragazze giovani che si fanno problemi per i "difetti" estetici.

Ma la TV mi piace anche perché è il mezzo perfetto per dimostrare concretamente che per essere felici bisogna volersi bene per quello che si è.

Infatti, la prima cosa che vi fanno quando arrivate in uno studio televisivo è coprirvi la faccia di trucco.

È per una questione di luci, dicono, per non fare l'effetto lucido e cose simili, ma nel mio caso tantissime volte i truccatori hanno cercato e cercano di coprirmi le cicatrici.

La mia risposta è sempre: «No, le cicatrici non si coprono».

Io sono così, perché dovrei coprirle? Perché dovrei vergognarmi di quello che sono?

Io non sarei più io senza cicatrici e con troppo trucco, invece di sentirmi bella, mi sentirei finta.

Quello che spero sia chiaro se vedete la mia faccia con il solito sorrisone in giro da qualche parte è che per essere belli basta avere voglia di vivere e di essere felici per tutto quello che succede.

In poche parole, cioè, per sentirsi belli basta essere scialli.

Se vi preoccupate, vi angosciate, vi tormentate perché vi è successo qualcosa di brutto o perché una cosa non è andata come volevate, finisce solo che vi intristite a cercare una ragione per quello che è successo.

Siccome non la trovate (perché è difficile che ci sia e, in più, che cosa cambierebbe trovarla?), poi rischiate di stare anche peggio. Ormai è andata così, perché non state tranquilli e accettate quello che è successo?

In fondo, avete portato a casa un'esperienza in più, fatto un pezzo di strada in più, siete più vivi di prima e anche più belli.

La vita perfetta non esiste,
per questo dobbiamo essere scialli:
per goderci al massimo
quella meravigliosa e imperfetta
che abbiamo.

Per dire, anche la mia vita non è diversa dalla vostra, anzi è stata un vero casino, complicata, piena di problemi, ma io la amo così com'è.

Adesso però mi sentirei un po' una bugiarda se non vi confessassi una cosa.

Io vi ho parlato del fatto che sono sempre scialla, che non resto mai senza parole, che tutte le persone sono uguali per me, eccetera eccetera.

Però, lo confesso, c'è stata una volta in cui sono rimasta un pochino senza parole e non sono stata subito sciallissima, peggio della prima volta che ho stretto la mano a Obama.

Mi è successo all'inizio di dicembre 2016 a Roma.

La 20th Century Fox aveva pensato a me come testimonial italiana del film di Tim Burton *Miss Peregrine – La casa dei ragazzi speciali*.

Come vi ho detto all'inizio del libro, io adoro il cinema, anche se è difficile che riesca ad andarci, ma in aereo o a casa appena posso guardo un film dietro l'altro.

E Tim Burton è uno dei miei registi preferiti in assoluto.

Quelli dell'agenzia che si occupava di questa cosa per conto della 20th Century Fox ci hanno detto: «Bebe è una ragazza speciale e per noi sarebbe perfetta per questa occasione».

Quello che loro non sapevano è che in realtà la ragazza speciale non sono io, io sono quella fortunata che ha incontrato i ragazzi speciali di art4sport. È quello che vi dicevo prima: c'è una simbiosi fra me e l'associazione.

Così i mie genitori lo spiegano ai tipi dell'agenzia: «L'idea ci piace, però Bebe fa parte di un gruppo di ragazzi speciali che ci legano ancora di più al film».

Insomma, abbiamo cercato di fargli capire che la nostra associazione è un po' come la casa di Miss Peregrine, che nel film ha questa casa in cui ciascun ragazzo è speciale perché ha una caratteristica, un potere solo suo, che gli altri vedono come una stranezza e che alla fine userà non vi dico per cosa perché non voglio fare spoiler se non avete visto il film.

Come dico sempre, io con la mia protesi posso giocare. Se un giorno volessi farmi le ali sotto i piedi magari potrei riuscirci. Chi ha i suoi piedi non lo può fare. Se non è un potere particolare questo!

Quindi, come vi dicevo, è esattamente lo spirito del film di Tim Burton, dove i ragazzi trasformano qualcosa che per gli altri è una roba strana, non una disabilità ma una roba strana, nel loro potere speciale, diventando delle specie di supereroi, ognuno con il suo potere e la sua forza.

Così, alla cosa fantastica di andare alla prima di Tim Burton e conoscerlo, si è aggiunta la felicità di poter coinvolgere tutta art4sport.

Infatti, la sera dopo la prima visione con lui, abbiamo fatto una seconda anteprima dedicata all'associazione con un po' di ragazzi del team e molti amici. Ed è stato proprio durante questa serata che abbiamo parlato per la prima volta dell'edizione 2017 dei Giochi Senza Barriere a Roma.

Ma torniamo a Tim Burton.

Io ero super emozionata perché avrei incontrato uno dei miei registi preferiti in assoluto.

Aggiungeteci poi che Dior mi aveva disegnato un abito apposta per la serata, quindi altra super emozione.

Era un abito molto particolare, forse quello per cui ho ricevuto più complimenti in assoluto.

Sulla gonna c'erano ricamate delle spade nere e il corpetto era un cuore rosso di velluto, due simboli che Tim Burton ha usato nei suoi film e che Maria Grazia ha scelto appositamente di mettere nell'abito. Alla fine di tutto considerate che, quando incontro Tim Burton e mi presento, lui mi dice: «Tu sei Bebe, l'atleta paralimpica!».

Il primo pensiero che ho fatto è che qualcuno gli avesse spiegato chi ero prima di incontrarmi.

Capite? Lui è Tim Burton e io chi cavolo sono in confronto a lui?

Ebbene sì, per una volta mi sono dimenticata di tutte le mie teorie sul fatto che le persone sono tutte uguali, che hanno tutte lo stesso valore, eccetera eccetera.

Per fortuna, lui, proprio lui, Tim Burton, il mio mito, è riuscito a ricordarmi e a dimostrarmi che quella teoria è assolutamente vera e valida. Come?

La mattina dopo la prima del film ci siamo incontrati prima della conferenza stampa e abbiamo chiacchierato entrando subito in confidenza!

Abbiamo parlato del film, di tutto quello che mi era piaciuto di più. È stato divertentissimo anche perché mi sembrava davvero di parlare con una persona che conoscevo da sempre. E poi, lui è uno super entusiasta di tutto come me e più che una conversazione sembrava un delirio di due pazzi felici.

E alla fine, sciallissimo, dopo che io avevo scattato un selfie con lui sul mio telefono, lui ha preso il suo e me ne ha chiesto uno insieme.

Ancora non ci posso credere che c'è una mia foto sul telefono di Tim Burton!

FATTI UN SELFIE CHE TI PASSA

E a proposito di selfie, ne ho una collezione lunghissima.

E non lo dico per tirarmela ma perché, potrà anche sembrarvi assurdo, in qualche modo la mia collezione mi aiuta a ricordare sempre che la cosa importante è essere se stessi con chiunque.

Il primo che ho fatto, e uno di quelli a cui sono più affezionata, è quello con Jovanotti.

Quel selfie è stato per me importantissimo perché mi ha dato la possibilità di conoscere una persona che è diventata così importante nella mia vita da chiamarlo "fratellone".

Quella volta eravamo stati insieme pochissimo, giusto una mezz'ora prima di un suo concerto a Conegliano (era il 2011). Ma già l'anno dopo, a un suo concerto a Firenze, ci siamo rivisti e abbiamo passato insieme un po' più di tempo. Nel 2015 l'ho incontrato a Livorno e in quell'occasione abbiamo chiacchierato un pomeriggio.

Nel 2016, quando siamo stati a New York per le foto con Anne Geddes della campagna sul vaccino contro la meningite, abbiamo passato un'intera settimana insieme. Ci vedevamo appena potevamo, anche con sua figlia Teresa (che ha la mia età ed è davvero molto carina) e, per dire, ce ne andavamo anche al parco a stenderci sul prato e a chiacchierare insieme.

Lorenzo è davvero una persona speciale. Per me lo era anche prima di incontrarlo, era un mito.

Conoscendolo è diventato, come vi ho detto, un fratellone (e io sono la sua "sorellina") perché è davvero una persona tanto bella, così bella che a volte mi viene da domandarmi come sia possibile che sia tutto concentrato in una persona sola.

Tornando ai selfie, fra gli ultimi, di sicuro il più famoso è quello con Obama, ma ci sono anche quello con Tim Burton e con Sergio Mattarella (il presidente della Repubblica o Grande Capo, come l'ho ribattezzato io) che ho incontrato il giorno della festa della Repubblica.

I personaggi famosi cambiano, ma c'è una faccia con un sorrisone che resta sempre uguale: la mia... colore di capelli a parte!

Potrei stare qui a raccontarvi per ore le storie assurde che ci sono dietro ogni selfie.

Con l'ex presidente Giorgio Napolitano, per esempio, eravamo alla festa di inizio anno scolastico al Quirinale. Avevano invitato vari sportivi, olimpici e paralimpici, ma non solo. Io ero seduta in prima fila con le schermitrici Rossella Fiamingo e Arianna Errigo, con il cestista Marco Belinelli, la tuffatrice Tania Cagnotto e la ginnasta Vanessa Ferrari. Tutti atleti famosissimi. E poi c'erano Giovanni Malagò, presidente del CONI, e Luca Pancalli, presidente del CIP.

Quindi, selfie con tutti e anche con Napolitano.

Ma come si chiede un selfie a un presidente della Repubblica? Facile! Appena è finita la cerimonia, sono corsa da lui e gli ho detto: «Ciao, piacere, sono Bebe! Posso fare un selfie con lei?».

Si è avvicinato un bodyguard, allora gli ho dato il telefono e gli ho chiesto di farci una foto. A quel punto ho detto a Napolitano: «Lei guardi là e sorrida».

Più sciallo di così!

Con Malagò, invece, è stato un casino perché prima non riuscivamo a girare la fotocamera, poi non riuscivamo a metterci in posa, infine non riuscivamo a scattare. E mentre scattavamo lui parlava e, prima dello scatto buono, ne abbiamo fatti una serie con delle facce assurde.

Grazie a Malagò, poi, ho fatto il selfie con Fiorello.

In pratica, Malagò ci ha invitato all'Olimpico a vedere Roma-Inter.

Dovete sapere che tutta la mia famiglia tifa Roma, tranne papà, che ama soffrire e tifa Inter.

Così andiamo all'Olimpico e in tribuna il presidente mi presenta a tutti. Quando siamo arrivati da Fiorello, lui ha detto: «La Bebe, la conosco! Ho visto un sacco di tue interviste. Sei più famosa di me!».

Così gli chiedo un selfie, tutta contenta, e mentre parliamo la Roma segna il goal del 3 a 2.

Io l'ho preso per un braccio e ho iniziato a gridare: «Goal! Goal!».

Lui mi guarda e mi dice: «Sono interista».

Fortuna che il selfie l'avevamo già fatto…

Quella stessa sera ho fatto un selfie molto carino anche con l'attore Claudio Amendola, un tifosissimo della Roma come me. Lui è stato super gentile e super carino.

Proprio quella volta gli ho raccontato dei miei mesi di ricovero e del fatto che in ospedale avevo solo due film in videocassetta (*Mamma mia* e *Scrivimi una canzone*) e la prima serie dei *Cesaroni*. Me la sarò guardata dieci volte.

«Quindi tu e i *Cesaroni* mi siete stati di grande aiuto in quei giorni» gli ho detto. «E mi fa piacere conoscerti perché volevo ringraziarti. Sei stato davvero molto importante per me».

A quel punto lui era emozionatissimo e praticamente in lacrime, mi ha abbracciata e ha cercato di dire qualcosa, ma era davvero troppo emozionato, e se n'è andato con gli occhi lucidi. Lui è un'altra di quelle persone belle e speciali che ho avuto la fortuna di conoscere.

Poi, da vera romanista, uno dei selfie di cui sono più orgogliosa è quello con il capitano, l'unico, mitico Francesco Totti! L'abbiamo fatto a Trigoria e io gli ho anche regalato le carte da burraco di art4sport perché ho scoperto che lui e Ilary Blasi sono appassionatissimi giocatori.

E Martín Castrogiovanni! Lui è stato carinissimo.

Aveva scritto personalmente a mio papà dicendo che gli avrebbe fatto piacere conoscermi.

Dovete sapere che il rugby è uno sport che mi piace tantissimo. Sono stata madrina del Rugby Mogliano, la squadra del mio paese nonché vincitrice del Campionato italiano 2012-2013, e ancora oggi appena posso vado a vedere le partite (purtroppo posso molto poco) e, quando non posso, seguo sempre e comunque i risultati.

Quindi, non vedevo l'ora di conoscere uno dei più mitici giocatori di rugby!

Una volta che Martín era a Padova con la Nazionale, abbiamo organizzato l'incontro in hotel da lui. Non so se lo avete mai visto dal vivo, ma lui è davvero un gigante.

Quando me lo sono trovata davanti non dico che ho avuto paura, ma di sicuro mi sono sentita piccolissima! E mi ci sono sentita in tutti i sensi, cioè lui è un gigante fisicamente, ma anche nello sport. Lui è uno dei rugbisti più famosi in Italia e nel mondo.

Quindi mi sono emozionata ancora di più quando Martín mi ha detto: «Mitica, Bebe! Continua così!».

E, detto da lui, per me valeva moltissimo in quel momento e vale ancora di più adesso, perché conoscendoci di più ho scoperto che Martín, oltre a essere un grande sportivo, è anche un grande uomo. Non intendo solo fisicamente, ma nel senso che si dà da fare tantissimo per gli altri. Una cosa che di sicuro ci ha permesso di capirci subito e di creare il grande feeling e l'amicizia che c'è fra noi.

Insomma, un selfie a qualcuno potrà pure sembrare una sciocchezza, ma a me in tutto questo tempo ha insegnato davvero che siamo tutti uguali, tutte persone che devono solo essere scialle per godersi quello che hanno.

BUTTALA SULL'IRONIA

Perché riderci su è sempre la soluzione migliore

Sono una persona super positiva, questo mi pare che sia chiaro.

Cerco di sorridere sempre, sono super motivata quando devo affrontare una sfida nuova – più difficile è e più mi diverto – mi piace sentirmi dire che una cosa è impossibile e vedo il bicchiere sempre mezzo pieno, anzi se riesco cerco di riempirlo del tutto.

Ma essere positivi e ottimisti non vuol dire essere scemi: la vita è una figata, ne sono straconvinta, ma so anche che ci sono giorni in cui sembra una vera schifezza.

Lo so perché quei giorni capitano e sono capitati anche a me e alla mia famiglia.

A livello di sfighe siamo messi piuttosto bene, o male, non so, dipende dai punti di vista. Ne abbiamo provate di diversi tipi: gravi, meno gravi, consecutive, singole, di ritorno, collettive, disastrose, mediamente disastrose e catastrofiche.

Ma come famiglia abbiamo una grande fortuna: qualsiasi cosa accada riusciamo sempre a riderci su, alla fine.

Ed è un consiglio che mi sento di darvi, anche se so che non è facile e forse mi prenderete per pazza, ma se ve lo dico è perché so che funziona, l'abbiamo sperimentato sulla nostra pelle: quando sembra che vada tutto storto, cercate di riderci sopra.

Io sono la prova vivente che il consiglio funziona.

Uno dei periodi peggiori che abbiamo affrontato è stato di sicuro, come potete immaginare, quello della meningite.

La malattia in sé, in realtà, non è stato nemmeno il momento più duro perché il lasso di tempo in cui si capisce se morirai o no è così breve, questione di poche ore, che non ci si rende conto subito di quello che sta succedendo.

Io non ricordo praticamente niente del ricovero, ho qualche flash dei momenti subito prima, di quando ho cominciato ad avere la febbre e a sentirmi male, qualche sprazzo dell'arrivo in pronto soccorso, ma poi è tutto nebbia.

Passate le ore critiche, capisci che ce l'hai fatta e tutti tirano un sospirone di sollievo, ma in realtà quella non è la fine del problema, è solo l'inizio.

Dopo essere sopravvissuta alla meningite, sono stata in ospedale a Padova più di tre mesi.

Ci ho passato così tanto tempo che la gente pensava che non sarei mai più tornata a casa e qualcuno a scuola aveva anche domandato a Sole: «Tua sorella è morta?».

Di quei 104 giorni, alcuni li ho passati in coma farmacologico, altri entrando e uscendo dalla camera iperbarica (era il sistema più rapido per capire fin dove le vene erano "scoppiate" e il sangue non avrebbe più circolato), altri ancora sono stati occupati dalle amputazioni e dai trapianti di pelle.

Le amputazioni, in realtà, sono state meno peggio di quello che pensate, più che altro perché l'alternativa era lasciarci la pelle per la setticemia.

La prima amputazione, quella delle braccia, è stata più traumatica perché sono entrata in sala operatoria solo con l'idea di vedere come ero messa e sono uscita senza mani e avambracci.

Con le gambe è andata meglio perché eravamo tutti preparati, anzi abbiamo anche combattuto perché mi amputassero sotto il ginocchio, come ci aveva consigliato una nostra carissima amica che fa la fisioterapista, perché per un amputato avere o non avere il ginocchio cambia molto a livello di qualità della vita.

Dopo l'amputazione ho fatto i conti con i dolori del cosiddetto arto fantasma: in pratica, tu sai di non avere più braccia e gambe, ma senti male come se invece li avessi ancora.

E in più, c'erano i trapianti di pelle. Me la staccavano per "ricoprire" i monconi; mi hanno fatto sette interventi in tutto fra prelievi e innesti.

Ogni giorno dovevo dire quanto male sentivo in una scala da uno a dieci e io non dicevo mai dieci perché pensavo che ci sarebbe stato sempre qualcosa di peggio.

Sono arrivata a nove e mezzo quando mi hanno tolto la pelle dalla schiena.

Ovviamente a quel punto avevo un sacco di ferite aperte che dovevano cicatrizzare: i monconi, la schiena, la faccia, le braccia, le gambe.

Tutte le cicatrici che ho adesso, in pratica allora erano tutte ferite aperte. E ovviamente andavano tenute pulite e medicate con regolarità.

Per fare queste medicazioni, in ospedale mi imbottivano di antidolorifici, quindi fisicamente sentivo male, ma non così tanto perché il medicinale era talmente potente che mi addormentavo di botto.

Quando sono tornata a casa, dovevo fare le stesse medicazioni, ma senza antidolorifici.

Era un dolore assurdo, ve l'ho già accennato, come quando vi staccate un cerotto da una ferita aperta, solo che per me era come staccare tipo trecento cerotti tutti insieme.

Capite anche voi che, in una situazione del genere, non sprizzavo proprio ottimismo dal mattino alla sera.

Anzi, al contrario, ero a pezzi, fisicamente e mentalmente, ed ero anche arrabbiata con mia madre, mio padre e pure mio fratello Nico perché erano loro che mi facevano le medicazioni, e non mollavano mai, non c'era verso di avere uno sconto.

È stato di sicuro uno dei momenti più brutti e difficili della mia vita.

Ero così disperata che una mattina, mentre mio padre mi medica, io mi metto a gridare: «Basta! Fa male! Non ce la faccio più, adesso mi suicido, mi butto di testa giù dal letto».

Il letto era molto alto, va detto, e quindi ci stava che tentassi il suicidio da lì, anche perché non avevo poi tutta questa possibilità di spostamento.

Perciò, grido e strepito e minaccio il suicidio giù dal letto.

E detto, fatto! Cerco di buttarmi giù davvero!

Ma mio padre non si lascia sorprendere: mi blocca e dice: «Ma che cosa fai? Così ti fai solo più male. Piuttosto, se vuoi fare sul serio, me lo dici, io ti porto alla finestra e ti butti da lì, almeno vai sul sicuro».

E voi direte: «Tuo padre è un pazzo».

Sì, posso confermare che a volte lo è, ma in quel caso ha messo in campo una delle doti della famiglia Vio-Grandis che più ci ha aiutato in questi anni: l'ironia.

Senza ironia e, soprattutto, senza autoironia qualsiasi difficoltà diventa un peso enorme da sopportare. A riderci su, invece, si alleggerisce anche il momento più difficile.

Se non ci credete, il consiglio che vi do è di provarci: nel momento più critico di tutti, buttatela sull'ironia. Prendete in giro voi stessi, prendete in giro gli altri, sdrammatizzate.

Io adoro le persone che sdrammatizzano, che mi prendono in giro, che ironizzano sulla mia disabilità. Sono io la prima che si fa le battute da sola! Perché davvero non c'è niente di più bello che ridere insieme anche delle cose peggiori. Sdrammatizzare è un po' come dire che niente potrà spaventarvi.

Fatelo e vi renderete subito conto che è davvero così.

Perché io sono contenta se qualcuno fa ironia sulla mia disabilità? Perché capisco che la persona che ho vicino non ha paura della mia diversità, la vive come una cosa così normale da poterci addirittura ridere su. Che cosa c'è di più stupendo?

Ma la storia di mio padre e del suicidio giù dal letto non è finita.

Il meglio è venuto quando, approfittando del raro evento di avermi lasciato senza parole, mio padre ha aggiunto: «Ma smettila! E goditi quello che hai perché la vita è una figata».

Per me è stato davvero un momento di svolta.

Ora, non pensate che da lì in avanti sia stato tutto rose e fiori.

Le medicazioni sono continuate e io ho continuato a sentire dolori allucinanti ma, non so come, mi sono convinta che era vero, la vita è una figata e potevo godermela insieme alla mia famiglia.

Ci siamo rimessi in piedi, insomma, anche nel senso stretto del termine.

Come abbiamo fatto? Buttandola sull'ironia, come vi ho detto, e scegliendo di sorridere.

Partite dal presupposto che la vita è la vostra e sta solo a voi decidere come viverla.

I momenti negativi capitano a tutti, e non parlo solo di cose gravi come quelle che sono successe a me e alla mia famiglia, ma di qualsiasi tipo di difficoltà uno si trovi ad affrontare.

Non ci sono difficoltà più o meno gravi, tutto è relativo alla forza che ciascuno di noi ha per reagire.

In certi momenti sorridere è una reazione che richiede molta energia, ma che è anche molto semplice.

Quando siete in difficoltà, giù di morale,

sorridete sempre,
anche se non ne avete voglia.

E voi direte: «Perché dovrei sorridere se non ne ho voglia?».

Avete ragione, uno è libero di non farlo, di volersi chiudere nel suo silenzio, nel suo dolore, nella sua sofferenza.

Ma adesso ve la faccio io una domanda: facendo così che cosa avete risolto?

Molto meglio sforzarsi di sorridere perché, ne sono davvero convinta, il sorriso è contagioso.

Facciamo il caso che io non sia proprio felice, anzi che sia in un momento davvero negativo, però mi sforzo lo stesso di sorridere.

E mettiamo che io incontri una persona, che magari è pure lei in un momento negativo, e che questa persona mi veda sorridere e mi sorrida anche lei.

Se qualcuno, poi, vede sorridere quella persona, sorriderà a sua volta e avanti così finché tutti sorrideranno.

È una teoria buona per i bambini? Liberi di pensarlo, ma rifletteteci bene.

Come prima cosa, vi è di sicuro successo di incontrare qualcuno che vi sorrideva e di rispondergli con un sorriso. E già questa cosa vi ha fatto sentire meglio.

Seconda cosa, se sorridete, in un certo senso è come se vi autoconvinceste di stare bene e l'autoconvincervi vi farà sentire meglio.

La cosa più forte del potere del sorriso è che magari all'inizio nessuno è convinto del sorriso che sta facendo ma, a forza di farlo, si finisce per sorridere veramente ed essere contenti per davvero.

Sorridete perché gli altri sorridano e si godano la vita. E se tutti si godono la vita, le cose possono solo andare meglio.

Oltre a sforzarci di sorridere, l'altra cosa fondamentale che abbiamo fatto con la mia famiglia nei momenti peggiori è stata darci fiducia a vicenda.

Io facevo di tutto per sembrare convinta di potercela fare e per convincere di questa cosa i miei genitori e i miei fratelli.

I miei genitori e i miei fratelli facevano di tutto per convincere me della stessa cosa.

Risultato? Ce l'abbiamo fatta davvero.

Ci sono stati momenti in cui abbiamo avuto più paura che fiducia, ma il vantaggio di sorreggerci a vicenda è stato che quei momenti non capitavano a tutti contemporaneamente, quindi c'era sempre qualcuno con la voglia di sorridere e sostenere gli altri.

O forse a volte siamo stati bravi a convincerci anche di questo.

E non è questione di prendersi in giro, eh, ma solo di capire che potete davvero farcela.

A volte per capirlo bisogna ripeterselo molte volte e, quando non si ha la forza di farlo, l'aiuto degli altri è fondamentale.

Finché qualcuno ci crede, vuol dire che si può fare, che una soluzione si trova, che se ne può uscire.

Se ve lo dico è perché ho avuto la fortuna di avere due genitori fantastici. Grazie a loro, tutte le sfighe che ci sono capitate non ci hanno distrutto la vita, ma ci sono servite a capire che potevamo andare avanti anche meglio di prima e sempre con un bel sorrisone stampato in faccia.

LE CRITICHE SONO POSITIVE

Ma attenti a quelle cattive e agli hater

Nel primissimo periodo dopo le amputazioni, quando mia madre mi ha detto che l'arte non è nelle mani ma nella testa, una delle prime cose che ho voluto fare è stata ricominciare a dipingere.

Siccome non avevo ancora le protesi, ho iniziato a farlo con la bocca, ma l'esperimento è durato molto poco. Sapete perché? Perché dovevo scegliere: o dipingevo o parlavo.

Per nessun motivo al mondo potrei rinunciare a parlare.

Io adoro parlare, non faccio altro da quando mi alzo dal letto a quando vado a dormire. Parlo con la mia famiglia, i miei amici, gli allenatori, i colleghi di lavoro, con chiunque incontri e non importa se lo conosco o no.

Da quando ho avuto la meningite ed è successo tutto quello che è successo, parlare mi piace ancora di più perché voglio raccontare a tutti come sono uscita dalla malattia, voglio far capire a tutti che i problemi si possono sempre superare e che l'unica cosa davvero importante è essere felici.

Diciamo che cerco di "prestare" la mia esperienza agli altri, così possono capire quanto è importante godersi la vita, anche senza dover passare quello che abbiamo passato la mia famiglia e io.

Credo tantissimo in questa cosa di "prestare" la mia esperienza e, anzi, consiglio anche a voi di farlo:

condividete con gli altri
le vostre esperienze.

Prima di tutto, li aiuterete a sentirsi meno soli e a capire che non sono gli unici ad avere una vita complicata.

E poi, anche voi vi sentirete meno soli.

Non perché avrete "scaricato" i vostri problemi sugli altri (lo scopo del condividere le esperienze non è questo), ma perché avrete fatto stare meglio un'altra persona.

Quello che sto cercando di farvi capire è che aiutare gli altri vi darà un'energia che nemmeno immaginate.

È per questo che mi piace partecipare a incontri e convegni, andare nelle scuole, rilasciare interviste e scrivere libri: perché tutte queste cose mi permettono di incontrare un sacco di persone con cui condividere esperienze e da cui imparare sempre qualcosa di nuovo.

Qualche anno fa, per esempio, con art4sport organizzavamo «La scherma in piazza».

Magari anche qualcuno di voi ha partecipato a questa iniziativa perché era una cosa davvero carina.

Grazie alla collaborazione con alcune società di scherma in giro per l'Italia, facevamo dimostrazioni di scherma in carrozzina montando le pedane nelle piazze delle città.

Era un modo per sensibilizzare la gente al tema dello sport paralimpico e alla scherma in particolare, ma nello stesso tempo aiutavamo queste società sportive ad attrezzarsi per accogliere ragazzi con disabilità.

Mi ricordo in particolare di una domenica a Como, invitati dagli amici della Società Sportiva Comense.

Dopo la dimostrazione in pedana, mi si è avvicinato un signore.

Io non l'avevo mai visto prima, ma lui mi ha parlato subito come se mi conoscesse da sempre. Mi ha spiegato che quell'anno era stato particolarmente duro per lui: aveva perso il lavoro, la moglie lo aveva lasciato e aveva avuto anche un sacco di altri problemi.

Quindi, a un certo punto lui aveva pensato che l'unica soluzione a tutto fosse farla finita. Ma un giorno ha acceso la TV e mi ha sentito raccontare la mia storia.

«Io devo ringraziarti» mi ha detto «perché, dopo che ti ho visto, ho cambiato idea e ho deciso di non mollare e di provare a ripartire. E pian piano ci sono riuscito».

Tutte le volte che ci penso sono felicissima! La speranza vince sempre, non ce n'è.

E sono felicissima anche quando vado alle gare nazionali e i bambini o i ragazzi con disabilità vengono a dirmi: «Volevo ringraziarti perché ho cominciato a fare scherma! Ti ho visto e ho deciso di fare come te, e di divertirmi facendo sport».

È una cosa che mi riempie di orgoglio, energia, passione. È stupendo perché i bambini e i ragazzi che cominciano a fare scherma paralimpica sono la prova che il messaggio sull'importanza dello sport anche per i disabili sta arrivando davvero a tante persone.

E in più, questo è il segno che la scherma sta crescendo molto e crescerà ancora di più. Dal 2011, cioè da quando la Federazione Italiana Scherma ha preso in mano la scherma paralimpica, il numero degli atleti è triplicato. Avanti così!

Capite cosa intendo quando dico che serve davvero condividere le esperienze e metterle al servizio degli altri?

E siccome ho vent'anni, mi piace condividerle anche via Facebook, Instagram e Twitter.

È vero, lo ammetto: questo tipo di condivisione è anche molto divertente. Cosa c'è di male? Anzi, meglio! Cambia il mezzo, ma non l'obiettivo: far capire a chi vede le mie foto e i miei video che, se riesco io a fare tutte le cose che faccio, io che sono una a cui è successo di tutto nella vita, allora può riuscirci chiunque. Se ci mettete passione, potete riuscirci anche voi. Fregatevene delle critiche e andate avanti.

Anzi, no, non fregatevene sempre delle critiche. Fregarsene di tutte in generale è una cosa sciocca perché nessuno di noi è perfetto e le critiche aiutano a migliorarsi.

Ma andiamo con ordine perché non tutte le critiche sono uguali e non tutte devono avere lo stesso peso.

Per capire quali ascoltare, come prima cosa partite da voi stessi: cominciate a volervi bene.

Questa è la base di tutto: il rispetto di voi stessi e delle esperienze che vi hanno portato a essere quello che siete. Partite da questo e sarete in grado di fare una cosa fondamentale per raggiungere il vostro obiettivo:

cercate di migliorarvi sempre.

Non nel senso che dovete cercare la perfezione, sia chiaro, ma nel senso che potete trovare i vostri punti deboli e correggerli per realizzare prima il vostro sogno.

Chiamiamola autocritica.

Nello sport funziona così, devi sempre studiarti per migliorarti se vuoi arrivare al risultato che ti sei prefissato, ma non è diverso per un compito in classe, una promozione al lavoro o un problema di famiglia.

A parte le critiche che potete farvi da soli, un modo perfetto per migliorarvi è ascoltare quelle degli altri.

Quindi, imparate ad apprezzare le critiche costruttive.

Se uno si impegna molto e pensa di aver dato il massimo, fanno male lo stesso (soprattutto se siete perfezionisti e pretendete sempre tantissimo da voi stessi, come faccio io), ma ciò non toglie che siano preziose.

I miei primi critici, quelli che mi aiutano più di tutti a stare con i piedi (o le protesi, come preferite) per terra sono i miei genitori, i miei fratelli e i miei amici.

Ma non è detto che siano costruttive solo le critiche che arrivano dalle vostre squadre e solo dalle persone che vi vogliono bene. Non rifiutate mai a priori una critica perché viene da uno sconosciuto.

Dopo le Paralimpiadi di Rio e la visibilità che mi sono ritrovata ad avere, infatti, ho cominciato a fare i conti anche con le critiche degli sconosciuti.

La prima volta è stato subito prima di partire per Washington e andare alla cena con Barack Obama.

Come vi ho raccontato, appena ho scoperto che l'invito era vero e non ero su *Scherzi a parte*, il mio primo dubbio è stato: come mi vesto?

Capisco che possa sembrare una domanda superficiale, ma mettetevi nei miei panni: io ho vent'anni e non è che mi capiti tutti i giorni di essere invitata a cena alla Casa Bianca.

In più, ve l'ho detto, sono una molto scialla anche nel vestire e amo gli abiti sportivi.

Però è chiaro che alla Casa Bianca non potevo andare vestita casual, anche solo per rispetto verso chi mi aveva invitato.

La prima persona a cui ho pensato per rispondere alla mia domanda è stata Maria Grazia Chiuri, la capa di Dior di cui vi ho già parlato.

Maria Grazia è stata subito disponibile e mi ha detto: «Guarda la sfilata di Parigi e fammi sapere quale abito ti piace».

Così ci siamo guardate la sfilata non so quante volte con mia madre, abbiamo scelto l'abito e Maria Grazia l'ha fatto arrivare da Parigi in un atelier di Venezia. Io l'ho provato e il giorno dopo mi è arrivato a casa con tutti gli accessori.

Mi sono sentita proprio speciale. Prima l'invito a cena alla Casa Bianca, poi il vestito di Dior, una cosa che mai e poi mai mi sarei sognata nella vita!

Ero così felice che ho messo il vestito e ho pubblicato la foto su Facebook, perché io sono fatta così: devo condividere le cose belle che mi succedono, proprio non ce la faccio a tenerle per me.

E ho fatto bene a condividerla perché ho ricevuto tantissimi commenti molto belli, che mi hanno fatto sentire ancora più speciale.

Poi ci sono state le critiche.

Alcuni mi hanno detto che non avrei dovuto mettere un abito firmato, ma sarei dovuta andare con la tuta della Nazionale o con un paio di jeans e una maglietta. Li ho apprezzati tutti perché erano di persone che cercavano di dirmi: vai bene così come sei, non serve un vestito per valorizzarti.

Poi ci sono stati:

– quelli che mi hanno criticato perché andavo a rappresentare l'Italia con un abito di una casa di moda francese (ma la stilista è italiana ed è la prima donna e la prima italiana a capo di Dior, giusto per capirci);

– quelli che mi hanno criticato perché l'abito per un evento così importante non si svela in anticipo;

– quelli che hanno criticato i miei genitori perché mi compravano un abito così costoso per un'occasione del genere, senza sapere che l'abito era in prestito, come era giusto che fosse (sia perché già averlo in prestito è un privilegio grandissimo, sia perché non c'era motivo che io tenessi un abito di quel valore);

– quelli che, dopo la cena, hanno criticato Dior quando hanno visto che restituivo l'abito.

Ecco, in casi come questi deve scattare l'ironia perché solo quella ci salverà e ci aiuterà a non prendere troppo sul serio né noi stessi né le critiche, quando sono superficiali.

Nel senso, ma chi sono io? Una star di Hollywood che non deve svelare in anticipo il vestito con cui sfilerà sul red carpet degli Oscar?

No, sono solo una ragazza di vent'anni. In quel momento ero super emozionata perché avevo ricevuto un invito assurdo, in un posto assurdo, da un personaggio pazzesco e ci sarei andata con un vestito incredibile.

E volevo solo condividere la mia felicità.

Dopo la cena, mi è successo sempre più spesso di ricevere critiche di questo genere.

All'inizio, lo ammetto, ci rimanevo male.

Io ho sempre fatto tutto quello che ho fatto per gli altri, per incoraggiare, spronare, sostenere gli altri, e vedersi tornare indietro certe cattiverie gratuite non è bello.

Poi, piano piano, ho fatto pace con questa cosa.

D'altronde è normale che io non piaccia a tutti, nessuno piace a tutti, neanche le patatine o la Nutella piacciono a tutti. È normale che ci sia gente a cui sto sulle palle, però io sono fatta così, quindi se non vi piaccio, va be', peccato, mi spiace. Ma non mi faccio bloccare dalle critiche.

Chiaro che se sono critiche costruttive o positive le prendo seriamente, ma le critiche sciocche e cattive non mi interessano.

La cosa importante per me è godermi la vita e cercare di essere di incoraggiamento per gli altri.

Pazienza se non tutti condividono il modo in cui lo faccio. Io sorrido e vado avanti per la mia strada.

C'è stata solo una volta in cui ho deciso di non dire «Pazienza» e di arrivare a una denuncia.

È successo alla fine di febbraio 2017, quando ho scoperto per una denuncia del CODACONS che su Facebook era stata aperta una pagina in cui si invitava alla violenza sessuale nei miei confronti.

È stata una delusione terribile.

Non ho avuto paura, non avevo motivo di averne, ma mi sentivo delusa e tradita.

Io mi sono sempre impegnata tanto per gli altri, mi sono sempre fidata delle persone e guarda cosa mi succede.

Poi, però, mi sono detta che non poteva bastare una cosa tanto stupida a farmi perdere la fiducia, a cambiare il mio modo di comportarmi.

Dovevo reagire, per me stessa e per tutti quelli che subiscono cose di questo genere e che, per un motivo qualsiasi, non hanno la forza di farlo.

Così sono andata dai miei "colleghi" della Polizia Postale (sono entrata nel gruppo sportivo della Polizia di Stato poco prima di Rio, ma vi racconterò anche questo) e ho sporto denuncia contro ignoti.

La pagina Facebook è stata bloccata e alla fine sono stati presi anche i responsabili.

Quello che spero di essere riuscita a far capire raccontando questa storia è che bisogna sempre denunciare i bulli, che siano in carne e ossa nella vita di tutti i giorni o si nascondano dietro lo schermo di un computer o di un telefonino.

Davanti alla violenza, anche verbale, bisogna reagire.

Non con altra violenza ovviamente, ma denunciando. Ci sono i mezzi per farlo, la Polizia è pronta ad aiutarvi, non siete soli.

Scusate se insisto su questa cosa, ma è un tema che credo sia fondamentale per tutti, non solo per chi usa i social media e si trova ad avere a che fare con gli hater (è una parola inglese che viene dal verbo *to hate*, cioè odiare, e in italiano potrebbe essere tradotto con "odiatori").

«Sì, ma cosa c'entrano gli hater con il fatto di riuscire a raggiungere i propri obiettivi?» vi starete domandando.

Sulla strada verso il vostro obiettivo potreste incontrarne uno.

Magari non sarà necessario arrivare a denunciarlo, anzi io vi auguro che non lo sia proprio per niente, ma tenete sempre in mente una cosa:

nessuno ha il diritto di maltrattarvi,
nemmeno a parole
e nessuno ha il diritto
di mettervi i piedi in testa.

Reagite e fatelo subito, non aspettate che la cosa si ingigantisca, che peggiori.

Non date spazio a chi vi tratta male, a chi vi insulta, a chi non vi rispetta.

Chiudetegli subito la porta in faccia.

E se non basta, chiedete aiuto a chi avete accanto.

E se non basta, chiedete aiuto alle Forze dell'Ordine.

E poi, raccontate agli altri quello che avete fatto perché potreste dare a qualcuno il coraggio che gli manca per far sentire la propria voce.

Il consiglio, come sempre, è di farlo buttandola sull'ironia.

Anzi, se volete, potete aderire anche voi alla "campagna sociale" che abbiamo ideato insieme al mitico Alessandro Cattelan, il conduttore della trasmissione di Sky *E poi c'è Cattelan*.

Nel suo talk show, Alessandro invita personaggi dello sport, del cinema, della musica e li intervista, ma non sempre in modo, diciamo, normale. Il minimo che ti può capitare è che ti faccia fare prove di abilità (tipo una gara di parcheggio fra ospiti nel cortile della sede di Sky a Rogoredo), ma non mancano le parodie (di canzoni, ma non solo) e le scenette comiche assurde.

Lo scopo è sempre lo stesso: sdrammatizzare, dimostrare che non bisogna mai prendere niente troppo sul serio, nemmeno se stessi.

Insomma, Cattelan la pensa come me sul fatto che nella vita ci vuole ironia, quindi sono stata felicissima quando mi ha invitata.

L'invito è arrivato proprio nei giorni in cui era successa la cosa della pagina Facebook e della denuncia, quindi io arrivo negli studi di Sky, ci incontriamo e Alessandro mi dice: «Bebe, dobbiamo fare qualcosa per questa storia».

E così al volo ci viene l'idea della campagna sociale, anche perché è quello di cui mi occupo con il mio lavoro a Fabrica.

Ci siamo messi lì insieme a un autore e in dieci minuti abbiamo messo giù il testo.

Se cercate on-line trovate ancora il video.

A vederci sembra che l'abbiamo provato per ore, invece è bastata una volta sola, pochi minuti prima di partire con la trasmissione. Ale è un vero fenomeno e ci siamo divertiti tantissimo!

E divertendoci abbiamo cercato di far capire quanto è importante denunciare e nello stesso tempo non farsi fermare dai comportamenti di certe persone che, è chiaro, hanno un problema.

Per aiutarli a risolverlo abbiamo lanciato la campagna «Dona un neurone a un hater».

Sì, avete capito benissimo.

Una delle battute di Alessandro era: «EPCC per l'asociale organizza una raccolta per tutti quei disagiati che passano le loro giornate chiusi nelle loro stanzette a insultare degli estranei. È una raccolta di neuroni».

E io aggiungevo: «Basta poco, dona un neurone anche tu».

Lo sketch si chiudeva con Alessandro che diceva: «Dona un neurone utilizzando l'hashtag #EPCCDonaUnNeurone. Insieme possiamo farcela».

Siate generosi, donate anche voi un neurone!

Scherzi a parte, io non mi stancherò mai di ripeterlo: non rimanete in silenzio, non fatevi schiacciare da chi vi critica con cattiveria.

LE FIAMME ORO

Entrare nelle Fiamme Oro è una cosa che desideravo da tanto. Una delle prime volte in cui ne ho parlato è stato nei giorni delle Paralimpiadi di Londra 2012.

Una giornalista de «La Stampa» di Torino mi aveva domandato quali fossero i miei obiettivi per il futuro e io ne avevo detti cinque da realizzare tutti entro il 2016: arrivare alle Paralimpiadi di Rio, finire sulla copertina di «Sportweek» e «Vanity Fair», due riviste che adoro, diventare un'atleta della Nike ed entrare in Polizia.

Per me erano tutti obiettivi che significavano una cosa sola: dare visibilità alla scherma paralimpica e allo sport paralimpico in generale.

Considerate che in Italia è complicato sopravvivere per chi pratica gli sport "minori" (quelli che non sono il calcio) ed è normodotato. Figuratevi per un disabile.

Gli atleti olimpici riescono a dedicarsi in maniera professionale allo sport solo entrando nelle Armi dell'Esercito o nei Corpi di Polizia dello Stato. E ci entrano a tutti gli effetti, hanno anche la divisa che devono indossare in certe occasioni particolari, però non fanno davvero servizio come poliziotti o finanzieri o guardie penitenziarie, il loro compito è allenarsi all'interno dei Gruppi Sportivi di ciascuna Arma o Corpo di Polizia.

In pratica, questi atleti olimpici sono pagati per ottenere risultati sportivi di altissimo livello. Per esempio, giusto per citare alcuni miei miti, le grandi Valentina Vezzali ed Elisa Di Francisca fanno parte della Polizia e si allenano nel Gruppo Sportivo delle Fiamme Oro; mentre Arianna Errigo fa parte dei Carabinieri.

Quando questi atleti olimpici finiscono la carriera sportiva, possono restare all'interno del Corpo continuando ad avere un lavoro e uno stipendio.

Per gli atleti paralimpici non funziona così. O meglio, funziona così solo in parte perché le cose sono cominciate a cambiare a partire dalle Paralimpiadi di Londra.

Fino a quel momento, infatti, era impossibile per un disabile entrare non solo in uno dei Corpi della Polizia o dell'Esercito, ma anche nei Gruppi Sportivi dei Corpi, per il semplice fatto che per entrarci è sempre stata necessaria l'idoneità fisica. Ma da Londra 2012, il CIP e Luca Pancalli, il suo presidente, sono riusciti a fare un accordo con le Fiamme Oro della Polizia e con le Fiamme Azzurre della Polizia Penitenziaria.

Come funziona?

Gli atleti paralimpici vengono tesserati nei gruppi sportivi, hanno accesso alle strutture sportive del gruppo e ricevono un rimborso spese.

In pratica, gli atleti paralimpici entrano solo nel Gruppo Sportivo, ma non fanno parte del Corpo di Polizia, come succede invece per gli atleti olimpici. Insomma, sono atleti delle Fiamme Oro, ma non sono poliziotti.

Per questo non prendono un vero stipendio, anche se il rimborso spese è già un grandissimo aiuto per chi si vuole dedicare seriamente all'agonismo.

Il tema di come vive una persona con disabilità è in generale molto delicato e diventa complicato quando si parla di persone con disabilità che vogliono impegnarsi a fare sport a un certo livello.

In genere, un disabile riceve una pensione proporzionata alla sua invalidità fisica. Nella maggior parte dei casi si tratta di una cifra che non permette di vivere e, purtroppo, la situazione sta anche peggiorando.

Quindi, per poter vivere con uno stipendio decente, devono anche lavorare, part-time o a tempo pieno a seconda delle loro capacità e possibilità.

È ovvio che, se vuoi fare sport a livello agonistico, hai bisogno di allenarti e questo significa sottrarre tempo al lavoro.

All'estero, in molti casi i disabili sono pagati dallo Stato, quindi possono dedicarsi in modo continuato allo sport, proprio come gli atleti olimpici (pagati anche quelli dallo Stato). A livello di scherma, succede in Polonia e in Ungheria, per farvi due esempi.

Il problema è che in Italia, se un atleta paralimpico deve fare una settimana di ritiro con la Nazionale o deve partecipare a una gara internazionale, a lavoro deve prendere ferie o permessi.

Finché sono annate normali, la situazione si riesce a gestire abbastanza, senza rimetterci troppo stipendio e senza giocarsi troppe ferie.

Ma quando arriva un anno con i Mondiali o le Paralimpiadi, e chiaramente gli allenamenti si intensificano, basta pochissimo per finire le ferie e dover prendere permessi non retribuiti. Senza considerare che, se sei una mamma o un papà, dovresti fare almeno un po' di vacanze con i tuoi figli. Quindi, alla fine ti trovi a dover fare delle scelte.

L'anno scorso, nell'anno olimpico, mi sono resa conto dei salti mortali che facevano i miei compagni di squadra per tenere insieme sport e lavoro.

Io dovevo gestire la scuola e la maturità, ma loro dovevano lavorare e fare sport ad alto livello.

Dopo aver visto la fatica che facevano senza mollare e senza scoraggiarsi, nel momento in cui sono entrata nelle Fiamme Oro ho avuto subito chiaro che uno dei miei nuovi obiettivi sarebbe stato quello di dare il mio contributo per cercare di far entrare gli atleti paralimpici nei Corpi dello Stato a tutti gli effetti, proprio come gli atleti olimpici, e non solo nei loro Gruppi Sportivi. Luca Pancalli e il CIP ci stanno lavorando da anni e ora ho finalmente capito l'importanza di questo delicato passaggio.

Fare parte delle Fiamme Oro mi ha dato una cosa che farebbe benissimo a tutte le persone con disabilità: un forte senso di appartenenza allo Stato.

In più, l'ingresso degli atleti paralimpici nei Corpi dello Stato sarebbe un modo straordinario di annullare davvero la distanza fra atleti normodotati e atleti con disabilità.

Le Fiamme Azzurre e le Fiamme Oro possono fare per primi questo passo perché sono Enti dello Stato, non fanno parte dell'esercito, e io mi impegnerò per promuovere questo grande cambiamento.

Ma non vi ho ancora detto come io sono arrivata a indossare la tuta delle Fiamme Oro.

È successo poco prima di Rio.

Prima di me, nel Gruppo Sportivo Fiamme Oro c'era Alessio Sarri, uno dei veterani della scherma paralimpica, mentre il suo compagno Matteo Betti era in quello Fiamme Azzurre.

Io sono entrata dopo la grande rivoluzione dei maestri della Nazionale paralimpica.

Fino al 2014 c'era un unico storico maestro, Fabio Giovannini, che allenava tutte e tre le armi (spada, sciabola e fioretto). Fra il 2014 e il 2015, la Federazione Italiana Scherma, dopo avere unito in un'unica federazione la scherma normodotati e quella paralimpica, ha voluto far crescere ancora di più questo movimento.

Quindi, come avviene per gli olimpici, ha deciso di separare le tre armi e di affidarle ciascuna a uno specifico allenatore.

Fabio Giovannini è rimasto maestro della sciabola, Simone Vanni è diventato quello del fioretto e Francesco Martinelli quello della spada.

I nuovi sono due ragazzi molto simpatici, entrambi di Pisa, entrambi Fiamme Oro da molti anni.

Dopo Rio, Giovannini si è ritirato e al suo posto a seguire la sciabola è arrivato Marco Ciari, che è di Livorno e che fa parte anche lui delle Fiamme Oro.

È stato grazie a loro tre che è arrivata la proposta, insomma.

Quando, poco prima di Rio, mi è stata consegnata la tuta delle Fiamme Oro è stata un'emozione grandissima poterla finalmente indossare.

Ed è stato bellissimo quando, all'inizio del 2017, hanno potuto indossarla anche le mie compagne di squadra, Loredana Trigilia e Andreea Mogos, oltre a Emanuele Lambertini e Marco Cima. E siamo tutti veramente onorati di far parte della squadra.

SE NON SO FARLO, POSSO IMPARARLO!

Perché c'è sempre qualcosa di nuovo da scoprire

Per un paio d'anni, grazie a Massimo Plebani, al Castello degli Angeli di Carobbio abbiamo organizzato una cena di gala per raccogliere fondi per art4sport.

Era un evento che mi piaceva molto anche perché noi ragazzi dell'art4sport team ci potevamo dare da fare: apparecchiavamo tutti i tavoli, preparavamo i centrotavola e davamo una mano (per chi ce l'ha) in cucina nelle cose più semplici. Era una bella occasione per stare insieme e divertirci.

Tutte e due le cene sono state speciali per motivi diversi, ma io mi ricordo in particolare la seconda, quella del novembre 2014, che ha visto la partecipazione al gran completo del Club delle meningitiche.

Come vi ho accennato, il Club delle meningitiche ha cominciato a esistere quando abbiamo conosciuto Veronica Yoko Plebani, che si è ammalata nel 2011 ed è entrata nello stesso anno nell'art4sport team. A noi due si è aggiunta Sara Baldo, che Veronica e io siamo andate a conoscere quando era ancora in ospedale in attesa dell'amputazione.

In quell'occasione, Veronica e io le abbiamo dato un po' di consigli sul tipo di amputazione da preferire. Io, ovviamente, dicevo che era meglio la mia, cioè togliere tutto fino al ginocchio e farsi due belle gambe nuove, mentre Veronica diceva che era meglio la sua, cioè amputare solo parte delle dita e del piede e conservare le gambe. Credo che la mamma di Sara ci abbia preso per due pazze.

Comunque, alla fine Sara è un misto fra me e Veronica: è stata amputata, come me, a tutte e due le gambe da sotto il ginocchio, e ha perso alcune falangi delle dita delle mani come Veronica.

La sera della famosa cena aveva le protesi ma, siccome non si sentiva ancora sicura, era venuta in carrozzina.

Veronica, invece, era in stampelle perché le avevano fatto da poco un'operazione a un piede.

Noi tre e il mitico Riccardino, il nostro nuotatore e calciatore di dieci anni nato senza il braccio sinistro, apparecchiavamo i tavoli, sistemavamo i centrotavola e facciamo qualche ripresa per il video da mettere sul sito di art4sport. Insomma, ci divertivamo un sacco e quando ci si diverte il tempo passa in fretta, così ci siamo ritrovati che era già ora di andare a cambiarsi per la serata e noi quasi non ce n'eravamo accorti.

E a quel punto ci siamo ritrovati anche con la sedia a rotelle di Sara davanti ai quattro gradini che portavano fuori dal salone della cena.

Io non potevo spingere su per i gradini la carrozzina perché era troppo pesante, Veronica nemmeno perché aveva le stampelle, Riccardo era più piccolo di me, era escluso che potesse farcela da solo e provare a farlo in due sarebbe stato comunque troppo complicato.

Qualcuno di noi doveva andare a chiedere aiuto? Certo che no, non ce n'era assolutamente bisogno. Sara aveva già quello che le serviva per fare quei quattro gradini senza la carrozzina.

Così l'abbiamo guardata e le abbiamo detto: «Alzati e fai le scale».

L'idea non le è piaciuta proprio tantissimo, sia perché si sentiva insicura in generale con le protesi sia perché non ci aveva mai fatto le scale, e vi assicuro che non è una cosa banale da fare.

Ma prima o poi doveva cominciare, no? Quindi, insisti e insisti, alla fine le abbiamo spiegato come doveva fare e Sara è andata alla grandissima.

È andata così bene che quella sera stessa, quando è stato il momento di salire sul palco e presentare l'associazione e gli sport che ciascuno di noi praticava, si è alzata dalla carrozzina, l'abbiamo presa per mano e insieme abbiamo camminato fino al palco, abbiamo salito i gradini, abbiamo fatto il nostro intervento e siamo pure scese.

Quando è tornata a sedersi, sua madre è corsa ad aiutarla, ma le abbiamo chiesto di non farlo.

«Deve farcela da sola» le abbiamo detto.

Tutto questo per dirvi che siamo degli aguzzini, certo, ma anche e soprattutto per condividere con voi una cosa che per me è stata fondamentale:

non bisogna avere paura di quello che non si sa fare perché nella vita si può imparare davvero tutto.

Io, come vi ho raccontato all'inizio del libro, ho imparato da capo a usare le braccia e le gambe ed è stata una sfida pazzesca, ma anche molto divertente.

Mi ricordo, per esempio, la prima volta che ho provato a mangiare dei grissini.

Eravamo con papà in mensa al Centro Protesi a Budrio e io avevo preso il prosciutto crudo, una delle cose che adoro di più, ma insieme al prosciutto volevo i grissini.

Li chiedo alla signora della mensa e lei me ne dà dieci pacchetti.

E cosa dovevo farmene di dieci pacchetti? Quando sono arrivata al mio tavolo, papà mi ha subito detto: «Quelli che avanzano li daremo a qualcuno di un altro tavolo».

La soluzione mi sembrava perfetta, quindi a quel punto potevo concentrarmi su una nuova grande sfida con le mani nuove: aprire il mio primo pacchetto di grissini.

E devo dire che ci sono riuscita alla grandissima. I problemi sono cominciati quando ho cercato di afferrare i grissini. Ho rotto il primo, il secondo, il terzo…

Quando ho finito di pranzare, non ne avevo mangiato nemmeno uno, i cadaveri di tutti e dieci i pacchetti erano sparsi nel mio vassoio, ma in compenso papà e io avevamo i lacrimoni agli occhi dal ridere.

Il sacrificio di tutti quei grissini è servito a insegnarmi che nella vita si può imparare tutto, ma ci vuole il giusto tempo.

La storia dei grissini mi ha fatto tornare in mente quella della "prova patatina" e i ragazzi del Centro di Ricerca Enrico Piaggio dell'Università Statale di Pisa, un centro di eccellenza internazionale che si occupa di bioingegneria e robotica.

Nel giugno 2016, infatti, mi hanno invitato a testare la mano robotica progettata dagli studenti.

È stata un'esperienza stupenda! I ragazzi avevano un entusiasmo pazzesco e si capiva che avevano davvero voglia di farmela provare e capire come migliorare il loro lavoro.

La mano bionica progettata dagli ingegneri di Pisa, infatti, era molto bella da un punto di vista estetico e aveva superato tutti i loro test, tipo stringere una pallina da tennis, la maniglia di una porta o il corrimano delle scale, ma non era mai stata sottoposta alla "prova patatina".

Quando faccio l'aperitivo, che è una delle grandi passioni di famiglia, fra i vari stuzzichini di accompagnamento allo spritz non possono mai mancare le patatine. Io adoro le patatine.

Quindi, una protesi fa bene il suo lavoro quando mi permette di mangiare le patatine senza frantumarle.

Con la mia mano vera, cioè quella che per voi è la mia protesi mioelettrica, io ci riesco perfettamente perché di fatto riesco a controllare la forza della presa anche se la protesi è solo una pinza che si apre e si chiude.

Bisognava assolutamente che io ci riuscissi anche con la mano bionica progettata dagli ingegneri di Pisa.

Così ci siamo messi lì, io con la mano e loro con i computer, e aumenta la potenza, cambia questo, modifica quello, prova così, riprova in quest'altro modo. Insomma, le prime patatine si sono frantumate una dopo l'altra proprio come i grissini della mensa, ma dopo un po' di tentativi e modifiche abbiamo mangiato delle buonissime patatine tutti insieme.

Devo confessare che, alla fine della giornata, la mano si è rotta.

Io ero dispiaciutissima! Loro mi avevano dato la possibilità di fare questa bellissima esperienza e io avevo rotto la loro "creatura".

Ma i ragazzi mi hanno subito fatto sentire meglio perché mi hanno detto che era normale che si fosse rotta con tutte le prove a cui l'avevamo sottoposta. La cosa fuori dal normale era la quantità di suggerimenti, idee e consigli che gli avevo dato e sui quali ora stanno lavorando da un po'. So che hanno già messo a punto alcune modifiche importanti e non vedo l'ora di andare a vedere quali sono.

Insomma, è come vi dicevo prima: nella vita si può imparare tutto, si può fare tutto, basta metterci il giusto tempo e il giusto impegno.

Io, per esempio, penso che ce ne metterò ancora un po' per riuscire a imparare a usare al meglio le nuove mani che ho ricevuto a inizio 2017 dalla Össur, un'azienda islandese che produce protesi di livello avanzatissimo.

In realtà, io la conoscevo già perché ho sempre usato le guaine prodotte da loro.

Ora che ci penso, forse non vi ho spiegato che cosa sia una guaina e, in effetti, nemmeno come si faccia una protesi. Andiamo con ordine.

Le protesi si fanno partendo da un calco in gesso del moncone del braccio o della gamba, a seconda di quale sia la parte mancante da sostituire. Oltre al calco, per costruire la protesi è fondamentale considerare l'altezza, il peso e la struttura fisica di chi la userà. In pratica, la gamba o il braccio viene costruito solo per la persona che lo porterà, non ci sono modelli "di base" utilizzabili per tutti.

Una volta fatta, la protesi non si può indossare sul moncone "nudo" perché altrimenti farebbe un male assurdo e sarebbe praticamente impossibile tenerla tutto il giorno. Quindi, per proteggerlo, sul moncone si mette una guaina di silicone che elimina il problema.

Ora io ve la faccio facile, ma tenete comunque conto che per riuscire a tenere una protesi per tutto il giorno anche con le guaine ci vogliono tempo e pazienza. Io, per esempio, ce ne ho messo pochissimo, praticamente un paio di mesi, per abituarmi alle braccia, ma mi ci è voluto più di un anno per abituarmi alle gambe. Anche perché, fastidio a parte, le protesi pesano, sono una zavorra in più che devi portarti dietro. Una volta che ci fai l'abitudine non te ne rendi più conto, ma all'inizio è molto faticoso.

Come vi dicevo, io ho sempre usato le guaine Össur per tutte le mie protesi, comprese quelle da scherma, le gambe da corsa e anche quelle da bagno.

Oltre alle guaine, la Össur produce da sempre protesi per le gambe e dalla fine del 2016, grazie all'acquisizione di una piccola azienda scozzese che si chiama Touch Bionics, anche mani bioniche.

È stato pochi mesi dopo, all'inizio del 2017, che abbiamo incontrato due pezzi grossi della Össur a Budrio, nella sede dell'Arte Ortopedica.

Vi ho già detto che l'Arte Ortopedica è il laboratorio in cui sono state fatte tutte le mie protesi, compresa quella da scherma. In effetti, più che un laboratorio per me è una specie di fabbrica di Babbo Natale in cui, al posto degli elfi, lavora un team pazzesco di persone che ha una sola "missione": creare un arto che renda il più possibile autonome le persone che hanno subito un'amputazione.

L'Arte è una delle mie squadre più importanti, una vera famiglia che ovviamente viene coinvolta in tutto quello che riguarda la vita delle mie protesi e, quindi, anche nell'incontro con la Össur.

Un incontro che è stato interessante, ma anche molto divertente. Ai tipi che sono venuti, infatti, ho fatto vedere le protesi più particolari.

Prima, mi sono messa quelle con i tacchi. Devo dire che hanno riscosso un grande successo e ho avuto anche la promessa che lavoreremo per migliorarle.

Poi, gli ho fatto vedere la protesi da scherma, che era all'Arte per una revisione.

Sono andata a prenderla, me la sono infilata nel braccio, ho innestato il fioretto e ho cominciato a fare qualche affondo.

All'inizio erano interessati praticamente solo alla struttura, a come la mettevo, a come funzionava. Poi si sono accorti che stavo tirando in piedi con le gambe col tacco e hanno fatto due facce assurde.

«Ma come fai?» mi hanno domandato.

In effetti, da quando faccio scherma in carrozzina mi sembra sempre un po' strano tirare in piedi, ma i due tizi della Össur non erano stupiti per quello, ma per i tacchi.

«È facile!» ho risposto. «Le gambe col tacco sono comodissime!»

Non ci farei un assalto, ma di sicuro adesso papà non può più dire che sono troppo alte!

Tornando all'incontro, vi dicevo che è andato bene, è stato interessante e abbiamo capito una cosa fondamentale: potevamo aiutarci a vicenda. Loro fornendomi le protesi di cui ho bisogno e io usandole e dando i miei consigli per migliorarle.

Dal 2016 sono partite delle collaborazioni con alcune aziende sotto forma di sponsorizzazione. Come tutti i contratti di sponsorizzazione ci sono dei risvolti economici, ma vi assicuro che, anche in questi casi, il feeling con le persone e la possibilità di essere utile agli altri è l'unica cosa che davvero conti per me. Capisco che potreste non credermi, ma davvero non è mai una questione di compenso, ma di quanto posso aiutare.

Questo vale per tutti i marchi e prodotti con cui ho deciso di cominciare una collaborazione.

La prima campagna è stata quella per Sorgenia, ma ce ne sono altre che potreste aver visto prima dell'uscita del libro o che vedrete dopo.

Prima di tutto, il fatto di arrivare a fare pubblicità è sempre stato un mio desiderio perché per me rappresenta una barriera abbattuta, un modo per far capire a tutti che le persone con disabilità non sono diverse dalle altre, fanno le stesse cose dei normodotati, hanno la stessa vita, ci sono anche loro, esistono, se la godono e non sono dei poverini.

Poi, in alcuni casi, la pubblicità è stata un modo per far arrivare lontano un altro messaggio in cui credo molto: bisogna volersi bene per come si è, senza pretendere di essere perfetti. L'ho detto tante volte, anche in questo libro: io amo le mie cicatrici e non faccio niente per nasconderle, lascio che si vedano perché sono parte di me e io sono quello che sono anche grazie a loro.

In particolare, ho cercato di dire alle donne di usare i prodotti di bellezza per prendersi cura di se stesse ed esaltare i propri punti di forza, non per coprire quelli che loro credono difetti. Ma il messaggio vale in generale per tutti: non bisogna mai vergognarsi di chi siamo.

In altri casi ancora, mi è piaciuto anche l'elemento creativo che mi è stato proposto. Io sono una grafica, lo sapete, e questo aspetto è molto importante e affascinante per me da un punto di vista professionale.

Quindi, se mi si dà lo spazio e la possibilità di mettere in campo le mie competenze e le mie passioni, io sono solo felice di poterlo fare, come è successo quando, usando le mie competenze grafiche e di comunicazione, ho disegnato la linea di orologi per la campagna Serial Dreamers.

Certo, girare uno spot implica un compenso economico, però non è quello a determinare le mie scelte, ve l'ho detto, ma alcuni precisi messaggi che io credo sia importante trasmettere. La pubblicità diventa un mezzo per farlo.

Nella scelta delle aziende che mi supportano un requisito fondamentale è che loro accettino di diventare sponsor anche di art4sport, in modo da assicurare all'associazione i fondi per accogliere ogni anno un certo numero di bambini e ragazzi, fornendogli tutte le attrezzature necessarie. La collaborazione con queste aziende, in un certo senso, diventa una base che ci permette di portare avanti un progetto sociale in cui crediamo, come ormai vi sarà chiaro, davvero tantissimo.

Aver ben presente questo, oltre ai messaggi di cui vi ho parlato prima, mi aiuta a rimanere sempre con i piedi per terra e a confermare una delle mie convinzioni fondamentali: non c'è niente di più importante e soddisfacente che rendersi utili e darsi da fare per gli altri.

Anche con le mani nuove lo spirito è sempre quello: imparare a usarle per migliorare la qualità della mia vita, ma anche per migliorare le protesi e la qualità della vita di chi le userà oltre a me.

Le nuove mani hanno una cosa che le vecchie non avevano: il polso e le dita articolate.

In pratica, sono come mani vere (posso farci anche i gestacci e scrivere sul cellulare perché sono touch), ma non sono semplicissime da usare.

Intanto, considerate che con le mie mani mioelettriche posso solo fare il movimento apri e chiudi perché, come vi ho già detto, praticamente sono due pinze "travestite" da mani. Invece quelle nuove si collegano via wi-fi a una app che ho sul telefono e possono fare un numero assurdo di movimenti.

Sulla app ce ne sono già registrati sedici di base, ma io posso aggiungerci quelli personalizzati, sia per entrambe le mani sia per la singola mano.

Vi faccio un esempio per farvi capire come funziona.

Se voglio fare la presa per usare il mouse, associo il movimento a una certa inclinazione del polso sinistro (sono mancina, ricordate?) e lo registro sulla app. Così, tutte le volte che do gli impulsi mioelettrici e inclino il polso in quel modo, la app mi farà fare la presa del mouse.

La cosa forte è che ci sono anche alcuni microchip che posso attaccare tipo adesivo in certi punti della casa in cui la mano fa sempre lo stesso movimento. Per esempio, ce n'è uno che si attacca alla maniglia del frigorifero. Quando mi avvicino, comunica via wi-fi con la mano e quella muta forma e afferra la maniglia, e così posso aprire lo sportello più facilmente. Insomma, pazzesco quello che possono fare queste mani bioniche.

Considerate anche, però, che pesano 1 chilo e 450 grammi ciascuna (quelle che ho usato finora pesano 1 chilo e 200 grammi). Per farvi capire meglio, è un po' come se giraste tutto il giorno tenendo una bottiglia d'acqua in ogni mano.

E in più, ovviamente, la mano bionica è molto più delicata di quanto non lo sia quella mioelettrica.

Quindi, diciamo che da quando le ho mi è capitato di romperle spesso e alla fine devo mandarle in riparazione all'Arte Ortopedica (che è diventata il primo centro della Touch Bionics in Italia), è per questo che sono riuscita a usarle ancora poco. Ma non mi arrendo! Vuol dire solo che ci metterò un po' più di tempo a prenderci la mano…

Ma posso imparare tutto. Tutti noi possiamo imparare tutto.

Continuo a ripetervelo come continuo a dirlo ai ragazzi che incontro nelle scuole, alle persone che vedo nei convegni, ai genitori dei ragazzi che arrivano in associazione.

«Non ce la faccio» o «No, poverino, non ce la fa» non esistono.

Io rispondo sempre: «Certo che ce la fa, e ce la fa da solo».

Tutti noi ce la facciamo da soli, anche se ci sembra difficile, anche se sbagliamo.

E attenzione, non sto dicendo che dovete dimenticarvi le vostre squadre.

Sto dicendo che non dovete abusarne.

Come vi ho già detto, la squadra ci sostiene ma non può fare le cose al nostro posto perché nessuno può vivere al nostro posto.

Bisogna sempre buttarsi, o almeno io lo faccio sempre, come fanno i bambini quando imparano a camminare. All'inizio vi sembrerà di fare fatica per niente e magari vi ritroverete sempre con il sedere per terra, ma piano piano sarete sempre più stabili sulle gambe.

Ve lo dice una che di gambe (non solo con il tacco) se ne intende.

Le prime che ho imparato a usare, nel 2009, sono state le gambe normali, quelle che ho avuto al Centro Protesi di Budrio.

Poi, dal 2010, sono passata all'Arte Ortopedica e sono arrivate tutte quelle "speciali":

– le gambe col tacco di cui vi ho parlato prima;

– le gambe da bagno, altrimenti dette "ciocchi di legno", che mi servono per fare il bagno al mare e in piscina e sono state ribattezzate così perché sono rigide, fatte tutte di resina, proprio perché devono resistere all'acqua;

– le gambe-ciabatte, che sono comodissime per fare la doccia perché le posso usare anche senza le guaine.

Ma oltre alle gambe speciali, come ho accennato prima, c'è anche un braccio speciale, cioè la protesi da scherma, studiata dai ragazzi dell'Arte Ortopedica insieme a mio padre.

La prima coppa che ho vinto al Campionato italiano del 2010 gliel'ho regalata e ancora oggi è in bella mostra nella bacheca dell'Arte, insieme ai primi prototipi della protesi da scherma.

Prima di tutto perché è stato grazie a loro che sono riuscita a trovare un modo concreto per realizzare il mio sogno e raggiungere il mio obiettivo.

E poi perché il loro impegno è stato ed è un esempio da seguire, per me.

Non avete idea di quante volte non ci abbiano dormito la notte perché non riuscivano a trovare la soluzione migliore per quello che gli avevo chiesto.

Non avete idea di che cosa significhi tutte le volte vederli ripartire da zero di fronte a una richiesta, a un'esigenza, a un problema da risolvere.

Dicono che tutto quello che sanno fare nel loro lavoro lo devono solo a chi va lì a chiedere una protesi.

Che se ci pensate è bellissimo, perché fa proprio capire che anche una cosa che facciamo e rifacciamo tutti i giorni, come lavorare o andare a scuola, può insegnarci sempre qualcosa di nuovo se la facciamo con passione.

È una cosa che cerco di tenere sempre a mente, anche se per ora non rischio di annoiarmi perché ho cominciato a lavorare da pochissimo e ho ancora tutto da imparare.

Una delle mie prime esperienze professionali è stato uno stage come grafica a Sky nell'estate del 2015, dopo il quarto anno delle superiori per avere i crediti formativi. La mia scuola richiedeva quattro settimane di stage, ma a me sembravano poche per imparare davvero qualcosa, così ho insistito un po' e sono riuscita a farmene aggiungere altre due.

Mi sembravano importanti due settimane in più perché, come dicevo prima, ci vogliono il giusto tempo e la giusta attenzione per affrontare qualsiasi impegno e raggiungere qualsiasi obiettivo.

Il mio obiettivo era fare un'esperienza di lavoro che mi formasse il più possibile, ecco perché mi sembrava giusto insistere, anche se questo ha implicato stare lontano da casa dall'inizio di luglio alla metà di agosto, e io non ero mai stata per tanto tempo da sola lontana da casa.

La cosa bella è che il reparto di grafica era composto da una decina di persone tutte super in gamba, dalle quali ho imparato un sacco e che mi hanno permesso davvero di dare il mio contributo.

Ho partecipato alle riunioni con loro, ho potuto fare delle proposte e ho avuto anche la fortuna di vederne accettate alcune, come il logo di Roma Channel, quello della striscia quotidiana trasmessa dallo Spazio Sky alla Darsena di Milano, o alcuni sfondi dei programmi dedicati al calcio.

Certo, mi hanno pure fatto disegnare il logo di Juventus Channel, a me che sono romanista! Ma a volte anche le cose che proprio non vorresti fare finiscono per insegnarti qualcosa.

Scherzi a parte, l'ho detto come battuta, ma è assolutamente vero:

si può imparare

anche dagli imprevisti.

Non devono per forza essere seri e gravissimi, possono anche essere piccoli e divertenti come quello che è capitato a me a Sky, ma davvero possono sempre insegnare qualcosa.

L'altra esperienza di lavoro che ho fatto è quella a Fabrica, l'agenzia di comunicazione fondata da Luciano Benetton e Oliviero Toscani a Treviso.

Non sapevo della sua esistenza finché non mi hanno contattato per una delle loro campagne sociali.

Infatti, l'agenzia si occupa di tre settori: design, editorial e campagne sociali.

In ciascuno di essi si realizzano progetti culturali e di comunicazione sociale attraverso diversi strumenti che vanno dagli oggetti di design alle campagne di sensibilizzazione dedicate a temi particolari, come la Giornata contro il tabacco o Il potere delle donne, passando attraverso reportage e progetti editoriali innovativi.

Nel 2016, è stato il gruppo che si occupa delle campagne sociali a contattarmi per girare un documentario sullo sport paralimpico.

Quando sono andata a Fabrica per capire bene di che cosa si trattava e ho visto cosa facevano, mi sono innamorata di quel posto: è stupendo, pieno di ragazzi di tutto il mondo, ragazzi che amano la comunicazione e la grafica quanto le amo io.

Così mi sono subito informata per capire come presentare la candidatura.

Le selezioni sono molto difficili da passare, le borse di studio sono poche e per poter accedere bisogna avere al massimo venticinque anni, aver già fatto lavori di una certa importanza e dimostrare di avere davvero una grande passione. Oltre a parlare fluentemente inglese, visto che questa è la lingua "ufficiale" di Fabrica.

Per la candidatura, io ho mandato un book con tutti i lavori fatti negli anni di scuola, oltre a quelli prodotti a Sky e al progetto grafico che avevo preparato per la maturità sulle Olimpiadi di Roma 2024 (non avevo ancora smesso di sperare che ci sarebbero state).

Ci avevo lavorato tanto ed era stato molto apprezzato alla maturità, ma Fabrica era un'altra cosa. Speravo di farcela, ma non potevo avere alcuna certezza.

Certo, qualcuno di voi potrebbe pensare: "Facevano un documentario sulla tua vita di atleta paralimpica, ovvio che ti avrebbero ammessa".

Potete crederci o no, ma le due cose non c'entrano davvero niente l'una con l'altra.

Prima di tutto perché Fabrica è un'agenzia molto seria, con una reputazione internazionale da difendere, e non può certo prendere una persona che non sia capace di fare il proprio lavoro solo per simpatia.

E in secondo luogo perché non mi piacciono le cose facili.

Sono convinta che le cose che mi sono sudata valgano sempre di più.

A Fabrica, come vi ho già detto, sono entrata e ne sono particolarmente orgogliosa perché, oltre a essere un posto in cui arrivano pochi ragazzi selezionati da tutto il mondo, questa è l'esperienza che a gennaio 2017 mi ha permesso di andare a vivere da sola.

In realtà, lo confesso, da gennaio la mia vita si è incasinata ancora di più e mentre scrivo questo libro sono tornata a vivere a casa dei miei a Mogliano e ho "congelato" la casa e il lavoro a Treviso.

Ora vi spiego.

All'inizio, nonostante la mia vita si fosse riempita di molti impegni che non avevo quando ho presentato la candidatura, sono riuscita lo stesso a essere presente e a dare il mio contributo nel gruppo, quello delle campagne sociali, in cui sono stata inserita.

La cosa stupenda è che il team di cui faccio parte è composto da ragazzi che hanno un sacco di competenze diverse. Le campagne sociali, infatti, sono quelle che vedete spesso in TV e che cercano di sensibilizzare le persone su temi importanti, tipo la disabilità o la violenza sulle donne.

E siccome sono complesse da realizzare e richiedono tante competenze diverse, nel gruppo siamo in dieci, ciascuno con la sua professione: grafici, fotografi, videomaker, tecnici del suono, esperti di scrittura. Insomma, tutto quello che serve per realizzare una campagna completa sotto tutti i punti di vista.

L'altra cosa che adoro è che non esistono orari di lavoro, ma ci si organizza all'interno dei singoli gruppi per le riunioni e le consegne.

Anche grazie a questo, da gennaio fino ad aprile 2017 sono riuscita ad andare a lavoro (e a vivere nello stupendo appartamento condiviso con i miei colleghi) almeno due o tre giorni alla settimana. In pratica, tornavo dalle gare o dagli allenamenti e mi fiondavo subito lì.

Poi, però, gli impegni sono diventati sempre di più; è cominciato a diventare complicato e sono potuta andare solo uno o due giorni alla settimana.

Per gli altri non ci sarebbe stato problema, erano tutti molto comprensivi, ma il problema c'era per me: mi sembrava di mancare di rispetto al lavoro dei miei colleghi. È per questo che, a giugno, ho deciso di sospendere tutto e riprendere l'esperienza da gennaio 2018.

Vale il discorso fatto sopra: qualcuno potrebbe pensare che io sia stata in qualche modo privilegiata, ma vi assicuro che non è così.

Ho solo fatto una cosa che tutti possono fare: ho chiesto se fosse possibile trovare una soluzione.

Possono farlo tutti: nelle difficoltà, confrontiamoci con gli altri e domandiamo se ci sono strade alternative, soluzioni diverse da quelle che abbiamo di fronte. Non è detto che, siccome nessuno l'ha fatto prima di noi, non possiamo domandare un aiuto. Le persone sono molto più comprensive di quello che pensiamo. E se ci dicono di no, almeno sapremo di averci provato.

Nel mio caso, se non fosse stato possibile "congelare" l'esperienza e riprenderla a gennaio 2018, ero pronta a rinunciare piuttosto che costringere i miei colleghi a fare anche la mia parte nel progetto.

Oltre a un sacco di cose stupende sul mio lavoro, come vi accennavo, l'esperienza di Fabrica e anche quella di Sky mi hanno insegnato a vivere da sola.

Le sei settimane a Milano, dall'inizio di luglio alla metà di agosto del 2015, sono state così suddivise: le prime tre sono stata ospite a casa di Teresa, un'amica di mio fratello Nico nonché sorella di un altro nostro amico che gioca nel Rugby Mogliano; la quarta a casa di zio Lorenzo, il fratello di papà; la quinta e la sesta a casa di un mio amico.

A Treviso, invece, la prospettiva era di vivere da sola per almeno un anno e, anche se le cose sono andate un po' diversamente da come avevo programmato, ho avuto comunque la fortuna di dividere l'appartamento almeno per un po' con colleghi di tutto il mondo.

Sia l'esperienza di Milano che quella di Treviso per me sono state fantastiche perché mi hanno permesso di essere definitivamente autonoma in tutto e per tutto.

Per farvi un esempio, io alla sera prima di andare a dormire mi tolgo le protesi delle gambe e delle braccia.

Quelle delle braccia devo metterle in carica perché, come vi ho detto, sono mioelettriche, cioè hanno una batteria come quella del cellulare che le fa muovere attivandosi con gli impulsi del muscolo del braccio.

Quando facevo le uscite scout, le gite e le trasferte con la Nazionale per metterle in carica ho sempre chiesto aiuto alle mie amiche, ai compagni scout, alle mie compagne di classe, alle mie compagne di squadra.

Ma quando si è trattato di vivere da sola, come nelle ultime due settimane a Milano, ho dovuto imparare ad arrangiarmi. L'amico che mi ospitava faceva i turni di notte e usciva di casa quando arrivavo io. In pratica, ci davamo il cambio. Non ho avuto scelta, sono dovuta diventare autonoma al cento per cento. È stato facile? Non sempre, ma non mi importa di stare qui a pensare se ho fatto fatica, quanta ne ho fatta o cose del genere: la cosa che conta è che ci sono riuscita.

Questa esperienza mi ha aiutata quando si è trattato di andare a vivere da sola a Fabrica, nell'appartamento condiviso con i miei colleghi.

Un'esperienza strabella che mi ha confermato una cosa in cui credo moltissimo: è stupendo mettersi in gioco e confrontarsi con le persone che non conosci e che non ti conoscono.

I miei colleghi sono tutti diversissimi da me, vengono da posti sparsi per il mondo e confrontandomi con loro ho:

– imparato meglio l'inglese;
– assaggiato un sacco di piatti che non conoscevo;

– scoperto nuova musica;

– imparato che il mondo si può guardare da prospettive diverse e, quindi, che anche i problemi hanno soluzioni diverse.

Ed è un'esperienza che può fare chiunque. Che si vada a scuola, che si lavori, giovani o vecchi, l'unica cosa che bisogna fare per imparare ogni giorno qualcosa di nuovo (e che può servire per raggiungere i propri obiettivi) è confrontarsi con le persone che si hanno intorno.

Possono essere colleghi di lavoro mai presi in considerazione, possono essere ragazzi mai avvicinati a scuola senza motivo, possono essere persone che si incontrano una volta sull'autobus, in palestra, su un treno.

Ogni posto è buono per conoscere una persona nuova, ogni persona nuova ha qualcosa da insegnarci.

Quindi, impegniamoci,

conosciamo gente nuova,
non limitiamoci alle persone
che frequentiamo già,
apriamo gli occhi e le orecchie,
non mettiamoci limiti:
c'è qualcosa di nuovo da imparare
ogni giorno.

FINITO? RICOMINCIO DA CAPO

Perché il bello è non fermarsi mai

È la sera del 18 settembre 2016 e allo stadio Maracanà di Rio è appena cominciata la cerimonia di chiusura delle Paralimpiadi.

Com'è possibile che io le abbia aspettate per tanti anni e siano passate così in fretta?

Dopo due settimane dall'atterraggio in questa città stupenda, dopo il villaggio olimpico, la cerimonia di apertura, dopo aver dato il peggio e il meglio di me e, soprattutto, dopo due medaglie, è già arrivato il momento di tornare a casa.

Il Maracanà è ancora più pieno di colori, luci, musica, rumore e confusione di due settimane fa, o almeno è quello che mi sembra dal tunnel dello stadio più famoso del mondo, dove sto in attesa di sfilare sventolando il Tricolore, insieme agli altri rappresentanti delle varie nazioni che hanno preso parte alle Paralimpiadi.

È stata Martina Caironi a "passarmi il testimone", come dicono i giornalisti, dopo aver portato la bandiera italiana nella cerimonia di apertura.

Già fare il portabandiera è un onore pazzesco, ma

prendere il suo posto lo rende ancora più pazzesco perché Martina è uno dei miei miti, una ragazza e un'atleta incredibile, la capitana della squadra italiana a Rio, campionessa mondiale e paralimpica in carica, la prima atleta paralimpica al mondo a correre i 100 metri in meno di 15 secondi nella sua categoria.

E oltre a tutte queste emozioni, so che la cerimonia viene trasmessa in diretta in Italia su Rai Sport 1 e questo è un grande traguardo per lo sport paralimpico.

Insomma, queste Paralimpiadi, le mie prime Paralimpiadi, non potevano chiudersi meglio di così.

Ora vorrei dirvi che ricordo esattamente tutto quello che ho provato quando ci hanno chiamato e ci siamo ritrovati in mezzo allo stadio con tutta la gente che applaudiva, le luci che cambiavano colore, la musica, gli atleti che sfilavano, ma vi direi una bugia perché l'unica cosa che ricordo, e che riunisce tutte le sensazioni che ho provato, è un'emozione enorme, una di quelle che non puoi spiegare a parole.

Come vi ho già raccontato, sognavo le Olimpiadi da quando avevo cinque anni. La meningite e le amputazioni mi hanno messo alla prova, ma ho continuato a inseguire il mio sogno riadattandolo alla nuova situazione in cui mi sono trovata, e alla fine ho centrato l'obiettivo.

Ma se non ce l'avessimo fatta? Se avessi deluso le aspettative che tutti avevano su di me? Ma soprattutto, se avessi deluso le mie?

Prima di partire la pressione è stata grandissima, ve

l'ho detto, però sono tornata a casa da Rio dopo aver capito che anche se le cose non vanno come speriamo, quello che conta è aver dato il massimo.

Non importa se manchiamo l'obiettivo o se lo realizziamo solo in parte perché, se diamo tutto, dobbiamo essere lo stesso soddisfatti di noi stessi. Ci abbiamo provato, non ci siamo fermati di fronte alla paura.

Lo dico perché io sono una molto critica con se stessa, sono sempre quella del «Potevo fare meglio». Rio e tutto il periodo prima della partenza mi hanno insegnato che sì, si può sempre fare meglio, ma certe volte bisogna ammettere che meglio di così non si poteva fare.

Questa, però, non deve diventare una giustificazione.

Rendersi conto di aver mancato l'obiettivo perché meglio di così non si poteva fare significa solo che bisogna impegnarsi di più. Ammettere di avere un limite non è una sconfitta, non deve abbatterci, ma non significa nemmeno che possiamo sederci e aspettare che le cose cambino da sole, che l'ispirazione scenda dal cielo e ci guidi verso i nostri risultati. È vero, meglio di così non si poteva fare in quel momento, ma per il futuro si può lavorare e alzare l'asticella, fare in modo che il nostro massimo diventi sufficiente per arrivare all'obiettivo.

Mai sedersi, mai trovarsi la giustificazione del «Più di così non ce la faccio», e questo non solo nel caso in cui si perda, ma anche in quello in cui si vinca.

Prendete me, per esempio.

Finite le Paralimpiadi, più o meno tutti si aspettavano che io mi riposassi almeno fino alla fine dell'anno.

In fondo, avevo portato a casa un buon voto alla maturità e, a distanza di poco più di un mese, due medaglie paralimpiche. Per non parlare dell'anno che mi stavo lasciando alle spalle, un anno passato a dividermi fra scuola e allenamenti per riuscire a fare tutto al meglio.

Ma il 12 novembre 2016 ci sarebbe stata, a Pisa, la quinta e ultima tappa dell'anno di Coppa del Mondo.

In base ai punteggi del ranking mondiale, anche se non avessi partecipato o non avessi vinto, il titolo mondiale sarebbe stato mio lo stesso, ma a me non sarebbe bastato perché io volevo assolutamente partecipare e vincere.

Prima di tutto perché quella gara avrebbe certificato la vittoria della Coppa del Mondo 2017.

Poi, la gara sarebbe stata a Pisa, una città in cui mi sento a casa da quando mi ci alleno insieme a Simone Vanni.

E in più, per me sarebbe stato come vincere le Olimpiadi in Italia, insieme a tutte le persone che non erano potute venire a Rio, non avevano potuto tifare se non davanti alla televisione e non avevano potuto cantare l'Inno con me.

Per tutti questi motivi, sono arrivata alla gara carica e concentrata, con l'obiettivo chiaro in mente.

Alla fine dei gironi ero seconda del ranking provvisorio, fra le due russe Irina Mishurova e Viktoria Boykova.

Dopo gli scontri diretti, con chi mi ritrovo in semifinale? Proprio con la Boykova.

Ve lo ricordate questo nome? Esatto! È proprio lei, quella che mi aveva sconfitto nella finale della tappa di Coppa del Mondo a Varsavia nel luglio di quello stesso anno, l'ultima gara prima di Rio.

Diciamo che, se mi fosse servito, a quel punto avevo anche un motivo in più per batterla.

Quindi, sono partita carica e cattiva e dopo pochissimo dall'inizio dell'assalto ero già in vantaggio 10 a 0.

Dopo aver segnato la decima stoccata, riparto in affondo bella decisa, ma la Boykova fa una controparata e va in bersaglio valido.

Siamo sul 10 a 1.

Ho messo così tanta forza in quell'assalto che mi si è allentata la fascia sulle gambe, quella che mi impedisce di cappottarmi dalla carrozzina.

Allora Simone si avvicina, me la stringe meglio e io mi ritrovo di nuovo davanti alla Boykova, che ha avuto il suo primo bersaglio valido e sembra molto più sicura di sé.

Infatti, l'assalto ricomincia e, dopo una serrata serie di parate e controparate, il punteggio è diventato 12 a 6 per me.

Cosa significa? Che ho portato a casa due bersagli validi, ma lei ne ha portati a casa cinque.

Un momento? Che cosa sto facendo?

È vero che anche se perdo non cambia niente, che nessuno starà a criticarmi o a dirmi che avrei potuto fare meglio, tutti capiranno che ho fatto tutto quello che potevo fare, e poi, insomma, ho appena vinto due medaglie paralimpiche, non si può avere anche la luna.

Ecco quello che intendo quando dico che aver già fatto il massimo, aver già raggiunto un ottimo obiettivo non è una giustificazione:

**non bisogna mai accontentarsi,
ma puntare sempre più in alto
perché raggiunto un obiettivo
di sicuro lì davanti
ce n'è un altro ad aspettarci.**

Quindi, mi sono detta che no, quella semifinale non sarebbe finita come a Varsavia.

A dire la verità, la Boykova ha fatto altri due bersagli validi, ma alla fine ce l'ho fatta e ho chiuso la gara 15 a 8.

Ma la strada verso il titolo mondiale non era ancora finita perché in finale dovevo affrontare l'altra russa, la Mishurova.

Parto e parto bene perché le concedo di segnare il primo punto quando io ne ho già segnati sei.

Poi gliene metto altri cinque e, dopo una serie di scontri, siamo 11 a 1 per me.

Ma di nuovo non so che cosa succede e, dopo un'altra serie di stoccate, mi ritrovo la Mishurova che va a bersaglio valido per altre due volte.

Dopo il suo terzo punto, io mi slancio con una tale forza in avanti con il nuovo assalto che segno, vado 12 a 3 per me, ma mi faccio male alla gamba sinistra.

È un dolore così forte che mi piego in due, l'arbitro ferma l'assalto e vengono a mettermi del ghiaccio.

Mi torna in mente la fiorettata in testa nella finale di Rio. Che il ghiaccio mi porti fortuna?

A Rio è finita molto bene, magari la mia scaramanzia mi aiuta.

E poi, proprio come a Rio il Carioca aveva fatto il tifo per me, qui a Pisa, bellissimo, sento il pubblico che si mette a gridare: «Vai, Bebe!», «Forza, Bebe!».

Ed è anche un po' strano perché di solito non mi rendo conto di quello che mi succede intorno, ma è impossibile non sentire la gente che grida il mio nome. È proprio bello essere a casa!

L'assalto riprende, ma dopo un po' mi ritrovo ancora ferma a 12, solo che adesso le stoccate della russa sono 5.

Bebe, stai calma e cerca di non perdere la concentrazione. Pensa che sei a casa, sono tutti con te.

Nuovo assalto, mia controparata e affondo, ma si accende la luce bianca: bersaglio non valido.

Com'è possibile? Sono sicura che fosse valido!

Quella finale comincia a somigliare troppo a quella di Rio.

Provo subito la Mishurova, ma la luce rossa si accende, è tutto a posto.

Posso farcela, so che posso farcela.

Sento ancora qualche «Vai, Bebe!», «Forza, Bebe!».

Prendo un bel respiro e vado.

Chiudo l'incontro con il punteggio di 15 a 5 per me.

Ho vinto la terza Coppa del Mondo consecutiva dal 2014.

Anzi, abbiamo vinto la terza Coppa del Mondo consecutiva: tutte le mie squadre e il fantastico pubblico che quel giorno ha cantato con me l'Inno di Mameli.

Da questo punto di vista confesso di essere molto patriottica, secondo me gli atleti dovrebbero cantarlo ogni volta che ne hanno l'occasione.

Per me è importante, mi fa sentire italiana e orgogliosa di esserlo. Cantare l'Inno con il pubblico che mi aveva sostenuta in un momento difficile della gara è stato un modo stupendo di chiudere il 2016, insieme al pubblico di casa e a tutti quegli amici che non erano potuti venire a Rio.

Ma è stato anche un modo stupendo di aprire i successivi quattro anni di lavoro, per dire: «Si comincia a lavorare per Tokyo».

Quattro anni sembrano tanti, ma in realtà passano in un attimo, soprattutto se hai una passione che ti guida e ti fa divertire. È per questo che non è mai troppo presto per trovare un nuovo obiettivo e per impegnarsi subito e al massimo per raggiungerlo.

In realtà, di nuovi obiettivi al momento ne ho almeno due a cui tengo tantissimo.

Il primo è la Coppa del Mondo 2017 che già so di

aver vinto, perché ho ottenuto l'Oro in tutte e quattro le tappe disputate quest'anno.

Il secondo sono i Mondiali di scherma paralimpica che ci saranno a Roma dal 6 al 12 novembre 2017.

Questi Mondiali romani significano tantissimo per me e spero di fare il botto, vincendo sia l'Oro individuale sia quello a squadre.

In realtà, tutti mi dicono che è impossibile perché ci saranno grossi ostacoli da superare.

Il primo sono le fiorettiste di Hong Kong e quelle dell'Ungheria, due nazionali temibilissime.

Mentre il secondo, come se non bastasse il primo, è la Cina che, a detta di tutti, è praticamente imbattibile.

Quindi, sì, sarà durissima, ma si gareggia sempre per vincere! In fondo sono tre ragazze come noi...

È la prima volta che un evento sportivo così importante per la scherma paralimpica si tiene in Italia e questo vuol dire tanto.

Prima di tutto, è come se questa fosse la mancata Olimpiade romana nella quale avevo tanto sperato.

E poi, come Pisa, anche Roma ci darà la possibilità di avere il pubblico di casa, di cantare con lui e con gli amici che ci vogliono bene l'Inno di Mameli. Prevedo già emozioni grandissime! E anche una carica grandissima, quella che solo sentirsi in Italia può dare quando indossi la maglia della Nazionale e delle Fiamme Oro.

Quindi, visto quanto è importante fare bene, ho cominciato la preparazione atletica a metà agosto, mentre ero ancora in vacanza all'Elba.

A fine agosto, sono tornata a Mogliano e ho fatto un piano di battaglia con l'Assassino, il mio preparatore, e con la maestra della Scherma Treviso, in attesa di fare i ritiri con la Nazionale a Tirrenia.

Ne faremo quattro da una settimana ciascuno fra settembre e inizio novembre.

L'unica cosa che è riuscita a distrarmi dalla preparazione ai mondiali, ma per pochissimo, sono stati i Paralympic Sport Awards, cioè i premi per lo sport paralimpico che dal 2005 l'IPC assegna ogni due anni, nell'anno successivo alle Paralimpiadi.

Il premio è diviso in cinque categorie: miglior atleta donna, miglior atleta uomo, miglior debutto femminile, miglior debutto maschile e miglior squadra. Per ognuna ci sono tre candidati, tutti atleti che per qualche motivo si sono distinti nelle ultime Paralimpiadi.

In più, c'è un premio per il miglior giudice di gara e un altro per l'atleta più coraggioso.

Io ho saputo a fine maggio di essere fra i candidati nella categoria miglior debutto femminile.

Nel 2013 Zanardi è stato il primo italiano premiato, e per di più nella stessa categoria in cui adesso ero candidata io. E dalla nascita del premio è stato l'unico italiano anche fra i candidati. Insomma, essere in qualche modo paragonata a un mito come Alex per me era già una vittoria! Di sicuro non mi sarei mai immaginata di aggiudicarmi il premio: che emozione grandissima!

La premiazione si è svolta il 7 settembre 2017 ad Abu Dhabi, proprio in coincidenza del primo dei quattro ritiri con la Nazionale. Quindi, me lo perdo?

Assolutamente no! Come ho già detto, la cosa importante è organizzarsi.

Sono partita da Abu Dhabi la sera stessa dopo la cerimonia, in modo da essere in Italia in tempo per cominciare gli allenamenti il giorno successivo, e mi sono fermata quattro giorni in più dopo che i miei compagni se ne sono andati: voglio assolutamente arrivare preparata all'obiettivo dei Mondiali di Roma.

E dopo i Mondiali, anche se in mezzo ci saranno un Europeo (a Terni nel 2018) e un altro Mondiale nel 2019, posso metterci come terzo traguardo a lungo termine le Paralimpiadi di Tokyo 2020 (si dice "venti venti", non "duemila e venti", mi raccomando).

Ovviamente mi piacerebbe portare a casa altre due medaglie come quelle di Rio, ma le Paralimpiadi giapponesi sono molto importanti anche per un altro motivo.

Abbiamo scoperto che in Giappone esiste una concezione molto rigida e negativa del concetto di disabilità. Per motivi culturali, i giapponesi sono convinti che se nasci con una disabilità è perché ti sei comportato male in una vita precedente. Una specie di punizione, insomma.

Se, invece, diventi disabile per un incidente, il tuo problema fisico non viene considerato una colpa, ma vieni comunque trattato come quelli che sono nati disabili, e cioè in pratica non vieni considerato.

Ci hanno detto che è difficilissimo vedere una carrozzina in giro anche per le città più grosse del Giappone, come Tokyo, e ancora di più nei piccoli paesi e nelle piccole cittadine. Le persone con disabilità sono considerate persone di serie B, da tenere in casa, da non far vedere in pubblico.

I bambini frequentano scuole speciali riservate a loro e sono divisi per classi in base al tipo di disabilità.

Proprio per cambiare questa situazione e questa mentalità i giapponesi si stanno impegnando tantissimo perché le Paralimpiadi di Tokyo 2020 siano davvero spettacolari e aiutino a cambiare l'atteggiamento delle persone verso la disabilità.

Io mi sento molto fortunata perché in qualche modo sono stata coinvolta in questo cambiamento.

Dal 2016, infatti, molte aziende giapponesi hanno cominciato a scegliere i loro testimonial nel mondo della disabilità. Addirittura la Toyota è diventata lo sponsor principale delle Olimpiadi e di tutte le Paralimpiadi fino al 2024; ma anche molte altre aziende hanno deciso di aiutare l'IPC, il Comitato Paralimpico Internazionale, a sostenere la promozione dei giochi.

Nel mio piccolo, nel 2016 sono stata contattata dalla NTT DOCOMO, il più grande operatore giapponese di telefonia mobile nonché uno dei principali partner dell'IPC, e sarò una dei loro testimonial fino al 2020.

Invece, con la Wowow, la casa di produzione che è stata incaricata dall'IPC di girare i video promozionali dei prossimi giochi, abbiamo girato un docu-film sulla mia storia e su quella di art4sport.

Le riprese sono state fatte a casa nostra, a Roma, in Giappone e mi sono divertita un sacco tutte le volte. Il regista e tutti gli operatori erano simpaticissimi e io mi sono anche lanciata a dare suggerimenti su qualche ripresa. È stato pazzesco e abbiamo riso un sacco.

È stato dopo questa esperienza che anche la Camera di Commercio italiana mi ha coinvolta in un evento tutto giapponese: la fiera «Italia Amore Mio», che si è svolta a Tokyo.

I giapponesi mi avevano visto nella campagna DOCOMO e pare gli fossi stata così simpatica che gli italiani hanno pensato che io e Arisa, la cantante (che ha moltissimi fan anche in Giappone), fossimo le due testimonial ideali per rappresentare il nostro Paese.

Così ad aprile 2017 per la prima volta in vita mia sono stata a Tokyo ed è stato stupendo.

Il Giappone è davvero un posto meraviglioso, tanto diverso dall'Italia, e pieno di cose strane e sorprendenti.

Mi ha colpita soprattutto la modernità di Tokyo, ma anche i giapponesi, così precisi e seri sul lavoro, però così simpatici e caciaroni nel poco tempo libero che gli resta.

In più, con me c'era il mio fratellone Nico e insieme abbiamo anche fatto un corso di sushi.

Non vedo l'ora di tornarci!

La Wowow mi aveva invitato per il 27 ottobre a presentare il docu-film, ma io ho dovuto declinare l'invito perché sarò nel pieno della preparazione per i Mondiali di Roma. Però ho potuto accettare l'invito dell'IPC per il 29 novembre 2017: assisteremo alla festa per la celebrazione dei «Mille giorni a Tokyo 2020».

Lo so già: sarà una figata! Anche perché approfitteremo per festeggiare i cinquant'anni di mio padre, visto che ci andremo tutti quanti insieme.

IMPARA A DIRE GRAZIE

E non solo a parole

Il 12 giugno 2017, per la prima volta in 71 anni di storia della Repubblica e in 103 di storia del CONI, un presidente della Repubblica, invece di ricevere gli atleti al Quirinale (come fa dopo i grandi eventi sportivi), è sceso dal Colle ed è entrato nella "casa" degli atleti.

Come vi ho anticipato, quel giorno allo Stadio dei Marmi, lo stadio della sede del CONI, ho avuto la fortuna di esserci anch'io, insieme a un sacco di grandissimi campioni olimpici, paralimpici e personalità dello sport italiano.

C'era il mio mito, Alex Zanardi, ma c'erano anche personaggi come la fiorettista Margherita Granbassi, l'ex calciatore Paolo Maldini, l'allenatore Claudio Ranieri, il ciclista medaglia d'Oro a Rio Elia Viviani, la mia amica canoista Veronica Yoko Plebani.

Ma la coincidenza davvero bella è stata che alcuni dei personaggi presenti sarebbero tornati la sera dopo in quello stesso posto insieme a me, ma questa volta per i nostri Giochi Senza Barriere.

Insomma, più contenta di così non potevo essere.

Dopo i saluti di rito e la visita di Mattarella alla sede del CONI, come succede sempre nelle cerimonie ufficiali, arriva il momento dei discorsi.

È un bel tardo pomeriggio di sole a Roma e ci sediamo tutti quanti in una tribuna costruita apposta per l'occasione. Si vede e si sente nell'aria che è un momento di quelli che un giorno racconterò ai miei figli.

Il primo a salire sul palco è Giovanni Malagò, il padrone di casa.

Dice che si sente un privilegiato a ricevere la prima visita di un presidente della Repubblica nella casa degli atleti italiani, un evento storico. Soprattutto perché lo sport, aggiunge, è molto importante per il nostro Paese, per questo perdere le Olimpiadi del 2024 è stato un vero peccato (una cosa su cui sono molto d'accordo con lui).

Dopo il discorso di Malagò è il turno di Luca Pancalli, il presidente del CIP.

Luca parla dell'orgoglio di appartenere al mondo dello sport paralimpico e del fatto che anche questo orgoglio deve portare sempre di più a riconoscere lo sport come un diritto di tutti.

E io sono assolutamente d'accordo con tutto quello che dice!

Ora è la volta del ministro dello Sport Luca Lotti.

Anche il ministro dice che lo sport è fondamentale, soprattutto in questo periodo storico pieno di paura perché, come vi ho detto anch'io, gli sportivi affrontano tutti i giorni le paure e combattono sempre lealmente per superarle.

Ma la parte che mi cattura di più del discorso di Lotti è quella in cui si mette a parlare dello sport paralimpico.

"Bene!" penso. "È proprio un bel segnale".

E mi sembra ancora più bello perché il giorno dopo saremo lì con art4sport a cercare di far arrivare a più persone possibili proprio questo messaggio.

Ed è in quel momento che mi rendo conto che il ministro sta parlando proprio di art4sport.

Cita l'associazione, parla della mitica Margheritina, Margherita Borsoi, che il giorno prima ha vinto i Campionati italiani di taekwondo normodotati anche se è nata senza un braccio, e di Giochi Senza Barriere.

Non ci potevo credere: il ministro dello Sport stava parlando della *nostra* Margheritina (un'atleta da non perdere di vista, datemi retta) e dei *nostri* Giochi Senza Barriere!

Per art4sport, che è un'associazione piccola che si regge prima di tutto sul volontariato, essere citati nel discorso di un ministro in una situazione come quella significa poter raggiungere un sacco di gente in più, poter far sapere a tante persone con disabilità che ancora non lo sanno che possono fare sport, che lo sport può cambiargli la vita.

Insomma, io ero felicissima.

E ovviamente anche i miei genitori e tutte le persone dell'associazione che guardavano la diretta su Rai Sport erano felicissimi. Ho ricevuto una valanga di messaggi su WhatsApp.

Ed ecco che arriva il momento del discorso di Mattarella.

Il mitico presidente dice cose molto belle sul valore dello sport.

Dice che la pratica sportiva è un esempio di correttezza, moralità e solidarietà nella vita quotidiana.

Per questo è fondamentale che tutti abbiano la possibilità di fare sport, che tutti i bambini e i ragazzi siano messi in condizione di praticarlo a prescindere dalla loro situazione economica.

E le società sportive devono essere trasparenti nella loro gestione, mentre le società e le federazioni degli sport più ricchi devono applicare il principio di solidarietà verso gli sport che sono detti ingiustamente "minori".

E già fino a qui, ero d'accordo con tutto quello che aveva detto il presidente.

In più, ha aggiunto una cosa in cui io credo tantissimo: lo sport ci unisce come nazione.

Io, lo ripeto, farei cantare l'Inno di Mameli a tutti gli sportivi prima di tutti gli allenamenti perché è importante e perché vi assicuro che, dopo gli sforzi e le lotte e le paure, non c'è niente di più emozionante che sentire l'Inno nazionale mentre guardi il Tricolore che si alza e sventola nello stadio in cui hai appena vinto una medaglia indossando un giubbetto (o una maglietta o quello che è) su cui c'è scritto ITALIA.

Scusate, ho un po' perso il filo, ma per me è davvero tanto importante e tanto emozionante, soprattutto da quando sono nella squadra sportiva delle Fiamme Oro, sentirmi parte di questo Stato che comincia a impegnarsi per dare spazio alle persone con disabilità.

La strada è lunga, ma ce la faremo tutti insieme.

Allora, dopo aver detto tutte queste cose e aver parlato anche dell'importanza dello sport paralimpico, a un certo punto Mattarella alza gli occhi dai fogli del discorso e aggiunge: «Sono molto lieto che domani in questo Stadio dei Marmi si svolgano i Giochi Senza Barriere».

A momenti mi viene un colpo!

Vorrei dirvi che sono rimasta senza parole, ma sapete che non mi capita praticamente mai, anzi di solito succede il contrario: quando sono molto felice e/o molto emozionata parlo ancora di più.

E la prima parola che mi è venuto spontaneo dire è stata: «Grazie».

Così, finiti i discorsi, mi sono avvicinata a Malagò, che chiacchierava con il ministro Lotti e il presidente Mattarella, ho stretto un braccio a Malagò e uno a Lotti e ho detto, anzi no, ho quasi gridato con un bel sorriso: «Ragazzi, avete nominato i Giochi Senza Barriere. Siete stati grandissimi!».

Forse il protocollo non prevede che si dica "ragazzi" a un presidente e a un ministro della Repubblica, ma io sono stata me stessa, la Bebe scialla di sempre (se non ci credete, andate a vedere il servizio che hanno mandato al TG1 delle 20 di quella sera), e per me questo vale più di tutti i protocolli.

È vero, non ho detto proprio «grazie», ma vi spiego subito il perché: ci sono tanti modi di dire grazie, ogni persona e ogni situazione ha il suo.

Capire a chi, come e quando dire grazie è una cosa che viene naturale.

Se costruite le vostre squadre e imparate a dargli il giusto valore, nel momento in cui raggiungete il vostro obiettivo vi verrà del tutto naturale ringraziarle, perché sentirete dentro di voi che è anche merito loro se ce l'avete fatta, che un pezzetto del risultato che stringete in mano è anche loro.

«Grazie» è una parola bellissima perché ti fa capire che non sei solo e proprio per questo è una parola che ti rende felice.

Adesso, non dico che sarete più felici di ringraziare che di raggiungere il vostro obiettivo, però le due cose andranno sempre insieme e si sosterranno a vicenda dandovi una doppia felicità.

E questo vale sempre, a prescindere da quanto grande e ambizioso sia il traguardo che volete tagliare.

Ma come si dice grazie? I modi di dire grazie possono essere tanti e dipendono da voi e dalle persone a cui dovete dirlo.

Vi faccio qualche esempio che mi riguarda da vicino, per essere più chiara.

Partiamo dal primo traguardo importante della mia vita: diventare una persona indipendente.

Vi aspettavate che dicessi «sopravvivere alla meningite e alle amputazioni», vero? Invece, no. Perché se non fossi stata una persona con un forte senso di indipendenza, non sarei mai uscita dalla malattia e soprattutto dalle sue conseguenze.

Se vi ricordate, vi ho raccontato dell'episodio della valigia e delle scale di quando avevo due anni.

Ecco, io da allora ho cominciato a mettere le basi per essere una persona indipendente e devo dire che lo sono diventata, nonostante tutto.

Lo ero a otto anni, quando andavo al campo scout e non piangevo chiedendo dei miei genitori. Lo sono adesso che vivo da sola e riesco a cavarmela in tutto.

A chi devo dire grazie? Ai miei genitori, è chiaro, che mi hanno cresciuta con la convinzione che non bisogna mai dare la pappa pronta ai figli perché i figli devono imparare a vivere.

Adesso, non è che io mi alzi tutte le mattine e vada da loro a ringraziarli (e forse, ora che ci penso, ogni tanto potrei anche farlo). Il ringraziamento migliore per loro è continuare a essere la Bebe che sono, restando indipendente e coerente con i valori che mi hanno insegnato (anche se questi comprendono il fatto di non potermi fare un tatuaggio, ci tengo a farlo pesare a mia madre).

Quindi, a volte il miglior ringraziamento è essere se stessi.

Secondo grande risultato: sopravvivere a tutto il casino che è successo dalla malattia in avanti.

I grazie da dire sarebbero stati migliaia, equamente divisi fra la mia famiglia, le mie tre S, tutti gli amici di Mogliano, quelli dell'Elba e quelli sparsi in giro per l'Italia. Diciamo che ho un debito di gratitudine così grande da estinguere che non mi basterebbe il resto della vita per andare in pari con tutti.

Ma anche in questo caso io credo che la gratitudine che provo verso tutti quelli che mi sono stati vicini in quei momenti e che mi hanno aiutata a uscirne è così grande che il modo migliore di dire grazie sia stato alzare sempre un po' l'asticella, dire: «Adesso esco dall'ospedale», e poi: «Adesso torno a scuola e a scout», e poi: «Adesso imparo a usare le mani e le gambe nuove», e ancora: «Adesso ricomincio a tirare di scherma» e su, e su, sempre più in alto, fino ad arrivare a Rio.

Alzare sempre l'asticella senza mai smettere di sorridere (come vi ho detto, il sorriso è contagioso), senza mai smettere di crederci e senza mai negare che in certi momenti, cavoli, è stato davvero difficile.

Perciò, mi sento di dirvi che a volte il miglior ringraziamento per chi vi ha sostenuto è non arrendersi e sorridere sempre, anche quando è difficile.

Poi ci sono i ringraziamenti per le medaglie di Rio.

Ve l'ho detto dall'inizio che non sono solo mie, ma delle squadre e che questo le rende ancora più importanti per me. Senza le mie squadre, non solo non avrei vinto le due medaglie, ma non ci sarei nemmeno arrivata a Rio.

E per squadre intendo tutte quelle che ho nominato sopra e che mi hanno permesso di superare il casino della malattia; e poi ci sono tutte quelle che mi hanno seguito nella riabilitazione, che mi hanno costruito le protesi, che mi hanno rimessa in forma, che mi hanno messa su una carrozzina da scherma quando io non avevo la minima intenzione di salirci, quelli che ci hanno creduto (senza nemmeno conoscermi) e mi hanno mandata a Londra a fare la tedofora, quelli che mi hanno sopportata prima di Rio e a Rio nei quindici giorni in cui ho dato il peggio di me in assoluto.

In tutti questi casi, posso dire di aver detto pubblicamente più volte: «Grazie!» e di averlo sempre fatto con la reale convinzione che quelle due medaglie siano più loro che mie.

Insomma, quando essere voi stessi e alzare l'asticella non basta o non è possibile,

dire «grazie» è la cosa migliore
che potete fare
per spiegare a tutti
quanto sono stati importanti
per arrivare al vostro obiettivo.

E fin qui vi ho parlato solo dei grazie alle squadre che mi hanno aiutata a realizzare i miei sogni, ma se ci penso bene lungo la strada ci sono state, e ci saranno, persone che hanno cercato di ostacolarmi, di fermarmi, di mettermi in difficoltà.

La prima cosa che mi viene da dire è che sono state persone, quindi singoli, e la forza e il sostegno delle altre squadre che mi hanno sostenuto e che hanno fatto tutto quello che vi ho detto fin qui gli ha impedito di avere la meglio.

Però devo dire che un ringraziamento voglio farlo anche a tutti quelli che almeno una volta mi hanno detto: «È impossibile». Senza di loro non mi sarei data da fare per dimostrare che, invece, era possibilissimo.

E ringrazio anche chi mi ha criticata perché le critiche fanno sempre bene quando sono costruttive, come vi ho detto, e fanno bene anche quando non lo sono perché ti insegnano a capire meglio quali sono le opinioni a cui dare ascolto e quali no lungo il cammino verso i tuoi obiettivi.

E quando abbiamo finito di ringraziare tutti, però, dobbiamo anche ricordarci di noi stessi.

Pensare da dove siamo partiti.

All'inizio di questo libro abbiamo cominciato costruendo le nostre squadre.

Poi, abbiamo cominciato a cercare una passione che ci permettesse di trovare un sogno da far diventare un obiettivo.

Poi, ci siamo messi al lavoro per raggiungerlo a tutti i costi, affrontando la paura e le persone pronte a dirci: «È impossibile» e tutti gli ostacoli che possono esserci capitati sulla strada.

Abbiamo imparato a sorridere perché il sorriso è contagioso, a essere scialli e a godercela sempre.

Ora impariamo a riconoscere che ce l'abbiamo fatta così come siamo, con tutti i nostri pregi e i nostri difetti.

Ognuno di noi è unico, non dimentichiamocelo mai.

Ed è la cosa più bella!

Dovunque vogliate arrivare, non dimenticate mai di volervi bene per quello che siete e nessuno potrà fermarvi.

Ah, quasi dimenticavo!

Grazie per aver letto la mia storia.
Spero che vi siate divertiti.

INDICE

Finito di stampare nel mese di settembre 2017
presso Grafica Veneta, Trebaseleghe (Padova)

Printed in Italy